KB092789

청소년들의 진로와 직업 탐색을 위한

잡프러포즈 시리즈 24

똑똑한 미래를 꿈꾸는

인공지능전문가

똑똑한 미래를 꿈꾸는

인공지능전문가

이동훈 지음

어제는 단지 오늘의 기억일 뿐이며,
내일은 오늘의 꿈이다.

- 칼릴 지브란, Kahlil Gibran -

인공지능 기술이 인간을 더욱
똑똑하게 만들 것이다.
그리고 결국 인류 역사상 가장 큰
충격파를 던질 것이라 생각한다.

– 에릭 슈미트, Eric Schmidt –

C·O·N·T·E·N·T·S

C·O·N·T·E·N·T·S

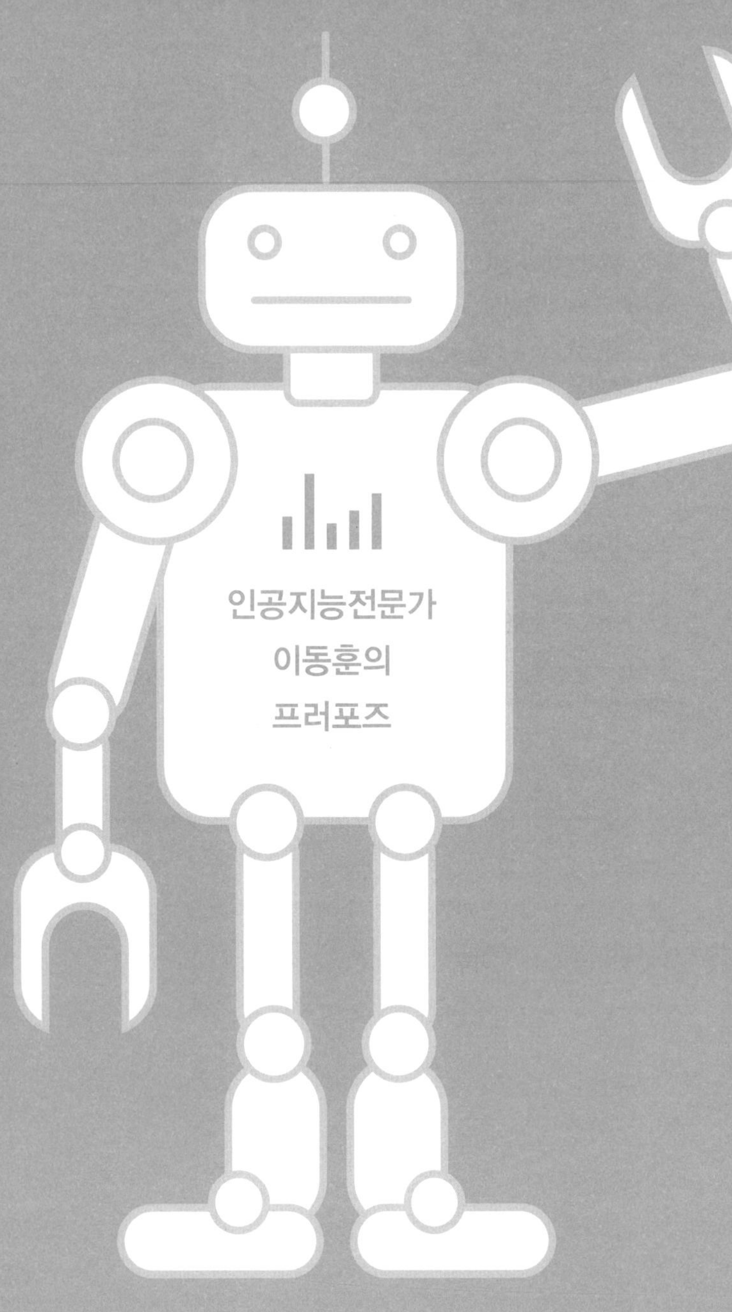
인공지능전문가
이동훈의
프러포즈

여러분, 안녕하세요?

인공지능으로 만드는 더 나은 세상을 꿈꾸며 연구하고 실천하는 인공지능 전문가 이동훈이에요. 저는 통계나 머신러닝, 딥러닝과 같은 다양한 알고리즘에 대한 이해를 바탕으로 인공지능 관련 컨설팅 및 솔루션을 제공하는 일을 하고 있어요.

여러분은 인공지능이라고 하면 무엇이 가장 먼저 떠오르나요? 알파고? 자율주행차? 복잡한 수식과 회로도를 연결한 뇌 모양의 이미지를 떠올릴 수도 있겠고, SF 영화의 다양한 개성을 지닌 로봇이 연상될지도 모르겠네요. 친구들과 함께 서로의 답이 무엇인지 얘기해보고, 왜 그렇게 생각하는지 의견을 한번 나눠보세요. 저마다 인공지능에 대한 생각과 개념이 다르다는 사실에 놀랄 수도 있을 거예요.

몇 년 전만 해도 인공지능은 굉장히 낯선 단어였지만 지금은 일상의 단어가 되었는데요. 과연 인공지능이란 무엇을 의미할까요? '인공'과 '지능'의 조합으로 이루어진 이 단어는 사람이 인간의 뇌 속에 담겨 있는 지능이라는 것을 인공적으로 만든다는 뜻이에요. 그럼 이제 아기가 태어나 성장하는 모습을 한번 생각해보세요. 갓 태어난 아기는 할 수 있는 것이 많지 않지만 몸이 자라면서 지능도 함께 자라 할 수 있는 게 점점 많아지죠. 인공물에 만들어진 지능인 인공지능도 마찬가지예요. 지금은 보잘것없는 수준이지만, 앞으로 스스로 생각하고 이해하고 학습하는 능력을 갖게 된다면 점차 어렵고 복잡한 문제를 처리할 수 있는 고등 지능으로 변해 갈 수 있겠죠.

상상은 질문을, 질문은 방법을, 방법은 결과를 만들어내요. 인공지능을 구현하기 위해서는 먼저 다음 질문에 대한 답을 고민하고 찾아야 하죠. 지능이란 무엇인가? 지능을 어떻게 표현할 것인가? 생각하고, 이해하고, 의사결정을 할 때 뇌 속은 어떻게 작동하는가? 인간이 과연 지능을 만들 수 있을까? 인간이 만든 지능이 스스로 학습하고 성장할 수 있을까? 하는 질문 말이에요.

저명한 생물학자인 리처드 도킨스Richard Dawkins는 그의 저서 『이기적 유전자』라는 책의 첫 문장을 다음과 같이 시작하죠. "어떤 행성에서 지적 생물이 성숙했다고 말할 수 있는 것은 그 생물이 자기의 존재 이유를 처음으로 알아냈을 때이다." 지금까지 인류는 우주의 기원과 생명의 탄생, 진화 등을 연구하며 인간은 어디에서 왔으며, 왜 존재하며, 어디로 가는지, 자기 존재의 이유를 알고자 노력해왔어요. 그러던 인류가 이제는 스스로 지능을 만드는 일에 도전하고 있죠. 만약 미래에 만들어질 어떤 인공지능이 리처드 도킨스의 저 문장을 이해한다면 어떤 답을 할지 궁금하지 않으세요?

현재까지 구현된 인공지능 수준은 점차 나아지고 있다고는 하지만 우리가 상상하는 고등한 지능과는 다소 거리가 있는 것이 사실이에요. 왜 그럴까요? 그동안 생물학과 의학, 심리학, 컴퓨터 과학, 통계학, 수학, 뇌공학 전문가들은 인간의 지능과 그 작동원리를 이해하고 규명하기 위해 부단한 연구를 지속해왔어요. 하지만 인간의 뇌와 지능에 대한 이해는 대단히 심오해서 아직까지 미지의 영역으로 남아있는 부분이 많은데, 인공지능 기술이란 게 인간의 지능을 부분적으로 모방하고 있기에 분명한 한계가 생기게 되었죠. 또한 인공지능이 학문의 한 분야로 자리 잡은지 얼마 되지도 않았거든요. 사람의 나이로 치면 60년을 조금 넘는 정도죠. 앞으로 가야 할 길이 긴 신생 학문 분야예요. 다시 말해 여러분들의 패기와 도전이 필요한 분야죠.

저는 어려서부터 중국 역사 고전 읽기를 좋아했어요. 한 국가가 어떻게 시작해서 흥망성쇠를 거듭했는지, 국가의 성장 판세를 좌우했던 위정자의 주요 의사결정과 업적은 무엇이었는지, 어떤 전쟁이 역사의 흐름을 바꾸었고 또 승패를 결정했던 주요 전략은 무엇이었는지, 그리고 새로운 시대를 만든 영웅은 어떤 모습을 했는지 등을 살펴보는 일이 너무나 흥미진진했죠. 현재로 시점을 옮겨 기업을 바라보는 문제도 제게는 마찬가지였어요. 기업의 경영 환경과 전략, 분석, 데이터, 혁신 등의 단어를 떠올릴 때마다 가슴이 떨렸고 제 가슴이

시키는 대로 따라왔죠. 그 결과 지금 이렇게 기업에 인공지능 컨설팅과 솔루션을 제공하는 일을 하고 있어요. 우리가 사는 이 세상은 단 한순간도 멈추지 않고 변하고 있죠. 제가 대학원을 마치고 사회에 첫발을 내디딜 무렵은 정보통신혁명이라 불리는 제3차 산업혁명이 막 시작하는 시기였는데, 변화를 거듭해 이제는 또 제4차 산업혁명 이야기로 아우성이네요.

제4차 산업혁명의 핵심 요소 중 하나로 빠지지 않고 거론되는 분야가 바로 인공지능이에요. 왜 그럴까요? 온라인과 오프라인의 융합이 더욱 가속화될 것으로 예측되는 미래사회에서는 인공지능이 인간의 뇌와 같은 역할을 할 것이기 때문이에요. 그 결과로 인공지능의 기술 수준과 활용 능력이 기업이나 국가 경쟁력의 잣대가 될 수도 있어요. 그 미래에서 여러분은 어떤 모습을 하고 싶은가요? 이미 분명한 꿈을 가진 친구도 있겠지만 아직 고민을 거듭하는 친구도 많을 거라 생각해요. 괜찮아요. 자신이 어떤 사람인지 안다는 것은 매우 어려운 문제니까요. 내가 누구인지부터 무엇에 관심이 있는지, 어떤 걸 잘하는지, 어떤 사람을 꿈꾸는지 고심하다 보면 조금씩 자신이 진정으로 원하는 모습에 다가갈 거라 생각해요. 너무 늦은 건 아닌지 걱정하지 마세요. 고심했던 그 시간들이 앞으로의 선택이 더 올바르도록 도와줄 테니까요.

미래의 주인공이 될 여러분!
돌아보니 저는 IT가 만들어낸 두 번의 혁명이라는 커다란 변화의 흐름 속에 살고 있었어요. 그런 변화를 겪으며 배운 것이 많지만 앞으로 세상이 어디로 나아갈지 어떻게 변할지는 알 수 없죠. 그렇지만 분명한 것은 세상은 변할 것이며, 그 변화의 중심에는 인공지능이 있을 거라는 사실이에요. 여러분, 인공지능이 만들어낸 미래 세상에서 주인공이 되어보지 않을래요? 이 책을 집어든 친구라면 자신만의 아이디어로 미래를 바꿔보고 싶은 친구가 있을 거라 생각해요. 그 친구들에게 이 책이 도움이 되었으면 좋겠네요. 저는 혁명이라 불리는 변화의 조류 주변에서 파도를 탔던 한낱 작고 서툰 서퍼에 불과했지만 여러분은 가장 높고 큰 파도를 타는 주인공이 될 수 있어요. 선배로서 응원하며 여러분이 큰 파도 위에 서는 그날을 손꼽아 기다릴게요.

여러분 한 사람 한 사람이 자신만의 꿈을 꾸며 행복하기를 빌어요.

첫 인 사

토크쇼 편집자 – 편

인공지능전문가 이동훈 – 이

편 먼저 자기소개를 부탁드려요.

이 안녕하세요? 저는 인공지능 특히 머신러닝Machine Learning*과 머신러닝 솔루션을 개발하고 공급하는 회사 에이아이더에서 전무로 재직 중인 이동훈이라고 해요.

편 이 일을 하신지는 얼마나 되셨나요?

이 제가 현재 몸담고 있는 인공지능이나 머신러닝은 오래된 분야가 아니에요. 최근에 대두된 새로운 분야라 이 일을 한지는 한 5년 정도 되었어요. 물론 그 이전에 전혀 다른 분야의 일을 한 건 아니에요. 혹시 액센츄어Accenture나 딜로이트Deloitte란 회사명을 들어본 적이 있으세요? 액센츄어는 기업의 경영 전략이나 디지털, 기술, 사업 전반을 지원하는 미국의 다국적 경영 컨설팅 기업이에요. 딜로이트는 기업의 회계 감사, 세무, 컨설팅, 금융 자문, 리스크 분석, 법률 업무를 대행하는 영국의 다국적 컨설팅 그룹이고요. 이런 회사들처럼 기업의 전략을 컨설팅하거나 업무 프로세스를 조정해 효율화시키고 거기에 맞춰 각종 IT 시스템을 분석, 설계, 제안하는 것이 바로 기

* 인간의 학습 능력과 같은 기능을 컴퓨터에서 실현하고자 하는 기술이나 방법

업 컨설팅 분야인데요. 제가 1998년에 대학원을 졸업하고 처음으로 한 일이 IT를 활용한 기업 컨설팅이었어요. 제가 담당했던 것은 그중에서도 주로 IT나 업무 프로세스와 관련된 분야였고요. 그 일을 20년 정도 했어요.

편 5년 전 새로운 분야에 도전한 이유가 있을까요?

이 여러분은 지금 인터넷이나 웹에서 클릭만 하면 어디든 들어갈 수 있죠. 지금 학생들에겐 너무나 익숙한 인터넷 세상이 처음 열린 것은 1993년이었어요. 그때 월드와이드웹World Wide

Web*이 탄생했죠. 그 후 1990년대 후반에 와서 웹사이트Web Site** 라는 게 생겼고요. 그때가 대학원을 졸업한 시기였는데 당시만 해도 기업에서 업무에 웹을 사용하는 일은 거의 없었어요. 그러다 ERP***가 화두가 되었고요. 그게 10년 정도 가다 점차 새로운 IT 시스템이나 웹 시스템이 나오게 되었고, 기업들이 그러한 내부 시스템을 갖추게 되자 데이터가 많이 쌓이게 되었어요. 거기에 사람들이 인터넷과 소셜네트워크Social Network****를 이용할수록 그 데이터는 폭발적으로 증가하게 되었고요. 그런 흐름을 보면서 이제는 시스템을 구축하고 만드는 시대에서 데이터를 다루는 시대가 될 것이라 예견해왔어요. 그런 생각 때문에 이 분야에 대해 준비를 하게 되었고, 시대의 흐름에 따라 자연스럽게 이 분야로 넘어오게 되었죠.

---

* 인터넷망에서 정보를 쉽게 찾을 수 있도록 고안된 방법이나 세계적인 인터넷망

** 인터넷에서 사용자들이 정보가 필요할 때 언제든지 그것을 제공할 수 있도록 웹서버에 정보를 저장해놓은 집합체

*** 전사적 자원관리, 기업 경쟁력을 강화시키는 역할을 하는 통합정보 시스템

**** 자신만의 온라인 사이트를 구축하여 콘텐츠 서비스를 만들고 친구들과의 연결을 통해 서비스와 커뮤니케이션을 공유하는 것

편 그 선택에 만족하시나요?

이 사람마다 재미를 느끼는 분야가 다르잖아요. 저는 기술이나 IT, 솔루션을 활용해서 기업에 도움을 주는 일에 흥미가 있어요. 도움을 준다는 것 자체에서 오는 기쁨도 있고, 제가 한 일의 결과로 고객이 편리해진다고 생각하면 보람도 있죠. 그래서 이 일이 좋아요. 의사가 몸이 아픈 사람을 고쳐주는 것처럼 기업에서 개선해야 할 부분을 IT나 머신러닝, 인공지능을 통해 고쳐주고 바꿔주는 일이 바로 제 일인데요. 환자가 의술을 통해 치유되어 더 나은 세상을 만나듯 제 일 역시 더 좋은 세상을 만드는데 도움이 되었으면 해요.

편 이 직업을 프러포즈하는 이유는 뭔가요?

이 물론 많은 친구들에게 제 직업에 대해 소개하고 프러포즈하고 싶지만, 우선 얘기하고 싶은 건 이 일을 하는데 있어 적성이 중요해 보인다는 거예요. 첨단 분야에 관심이 많고 수학이나 IT 기술을 활용하는데 흥미가 있는 사람이 이 일에 맞을 것 같아요. 그런 친구들에게 이 직업을 프러포즈하고 싶어요. 저는 아들이 둘 있는데요. 가끔씩 제가 하는 일에 관심을 보이기도 하는데 아직 속마음은 잘 모르겠어요. 적성에 잘 맞지 않는데 이 일이 재미도 있고 보람도 있다고, 혹은 전망이 좋다고 억지로 권유할 수는 없겠죠. 그런 마음이지만 두 아들 중 하나만이라도 인공지능 관련 분야에서 일한다면 제게 그것보다 더한 기쁨은 없을 거예요. 인공지능은 우리가 살고 있는 이 사회와 앞으로 다가올 세상을 더 나은 것으로 만들어줄 따뜻한 기술이라고 생각해요. 그렇게 믿기 때문에 인공지능의 발전이 앞으로 인간의 삶을 어떻게 바꾸어놓을지 기대가 크죠. 그 변화와 흐름을 주도하며 미래를 창조하는 일은 특별한 일일 거라 생각하고요. 그 길을 여러분과 함께 걷고 싶어요.

AI
SPEAKER
×
SMART
HOME

WEATHER

인공지능(AI) 이해하기

ON OFF

TAXI CALL

인공지능이 뭐예요?

편 2016년 대한민국을 들썩였던 큰 경기가 있었어요. 바로 세계 최고의 바둑기사 이세돌 9단과 인공지능 알파고의 대결이었죠. 인공지능에 대한 화두를 던진 알파고의 등장으로 인한 충격은 아직도 생생히 뇌리에 남아 있어요. 학습 기계에서 어떻게 그런 지능이 만들어지는지 정말 신기했거든요. 전 국민을 놀라게 만들었던 인공지능, 인공지능이 정확히 뭐예요?

이 인공지능이란 말은 인공이라는 말과 지능이라는 말이 합쳐진 단어잖아요. 인공이란 사람의 힘으로 자연물을 가공하는 것을 말하고, 지능이란 인지능력과 학습능력을 포함하는 총체적인 능력을 말하죠. 단어의 뜻으로만 이야기하자면, 인간이 만든 인공물에 인지능력과 학습능력 등을 심은 걸 말해요. 다시 말해 우리 인간의 지능으로 할 수 있는 사고나 학습, 자기 개발 등을 컴퓨터가 할 수 있도록 방법을 연구하는 공학의 한 분야로서, 컴퓨터가 인간의 지능적인 행동을 모방할 수 있도록 하는 것을 인공지능이라 부르고 있어요.

편 컴퓨터가 어떻게 학습할 수 있나요?

이 학습이라는 건 공부를 통해 모르는 것을 알아가고 개념을 정립해나가면서 지식과 지혜를 쌓는 과정인데요. 기계학습이라는 용어 때문에 많은 사람들이 기계도 인간처럼 학습이 가능하다고 생각해요. 예를 들어 컴퓨터가 나무에 물을 주는 아주 단순한 일을 한다고 가정해봐요. 나무가 있는 방의 온도와 습도 등 환경이 달라짐에 따라 데이터에 변화가 올 텐데요. 이러한 데이터들을 분석해보니 여름에는 한 달에 두 번, 겨울에는 한 달에 한 번 물을 주는 게 이 나무의 생육에 좋다는 결과가 나와요. 이런 식으로 데이터를 토대로 최적의 결과가 나오도록 하는 것을 인공지능의 학습이라고 보는 거죠. 다시 말해 원하는 결과를 얻기 위해 데이터를 반복적으로 주입해 차이를 줄여나가며 수학적인 체계를 만드는 것을 기계의 학습이라고 이해하는 것 같네요. 어때요, 여러분이 생각했던 학습의 개념과 비슷한가요?

편 기계의 학습방법을 머신러닝이라고 부르는 건가요?

이 같은 의미예요. 머신러닝을 한국어로 단순 번역하면 기계학습이니까요. 구체적으로 얘기하면 머신러닝은 인공지능의 한 분야로 사람이 학습을 하듯 컴퓨터에 수많은 데이터를 입력하여 스스로 학습하게 만든 후 새로운 결과를 도출해내도록 하는 것이에요. 숫자와 문자, 음성, 이미지 등의 데이터를 적합한 알고리즘과 기법에 적용하여 다양한 인공지능 기술을 구현할 수 있죠.

머신러닝과 딥러닝을 헛갈려 하는 분도 있는데요. 머신러닝은 학습에 관련된 알고리즘 전체 집합을 일반적으로 통칭해서 일컫는 말이에요. 딥러닝은 머신러닝 중에서 다수의 층이

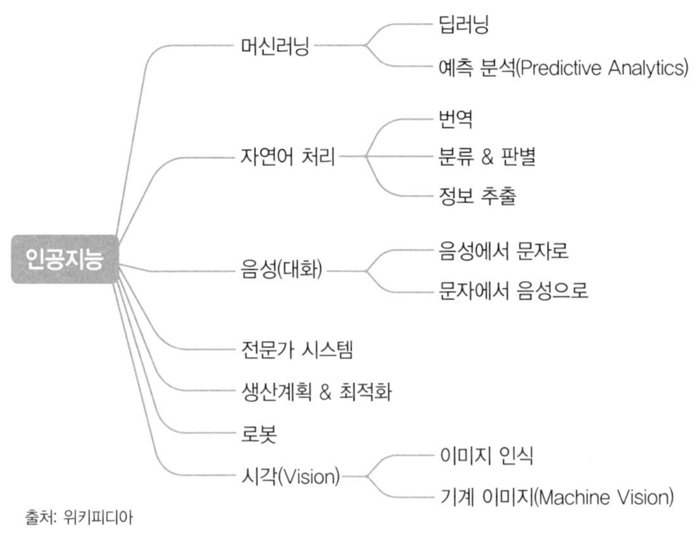

출처: 위키피디아

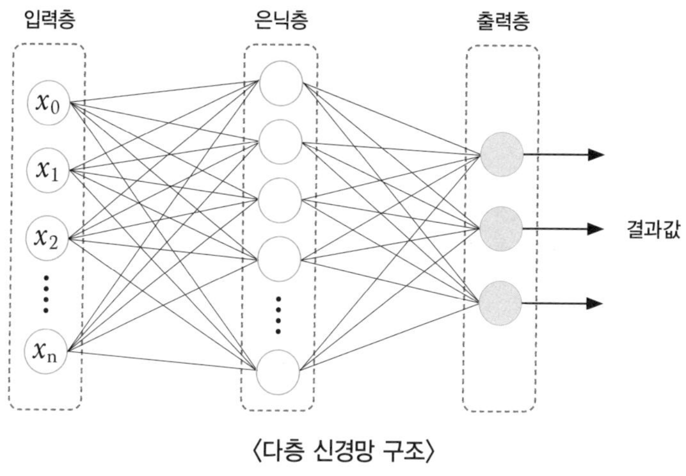

〈다층 신경망 구조〉

있는 신경망을 사용하여 학습하는 특징의 알고리즘을 말하고요. 이러한 모형을 다층 신경망 구조라고 해요.

대다수의 머신러닝 방법들이 주어진 데이터를 분석하고 목적에 맞도록 가공하여 새로운 것을 예측하는 반면, 딥러닝은 원천 데이터에서 적합한 특징을 스스로 판단하여 추출하면서 다양한 문제 해결을 위한 모델을 만드는 학습 기법이죠. 머신러닝과 딥러닝의 관계를 벤다이어그램으로 표현하면 딥러닝은 머신러닝의 부분집합으로 표현될 수 있어요. 참고로 벤다이어그램의 크기가 실제 알고리즘 개수나 비율을 의미하지는

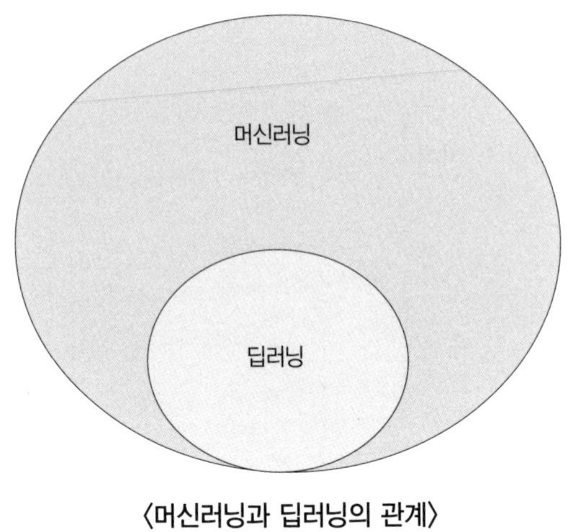

〈머신러닝과 딥러닝의 관계〉

않아요. 지금까지 개발된 머신러닝 알고리즘은 수백 가지가 넘어요. 이 수많은 알고리즘들 중에서 문제 해결에 적합한 알고리즘을 잘 선별해서 활용하는 것이 중요해요.

편 사람처럼 의미를 이해하나요?

이 현재의 인공지능은 이해를 하지 못해요. 이해는 단순히 지식을 습득하는 것이 아니라 사리를 분별해 해석해내는 능력이니까요. 우리가 사랑하는 사람에게 나를 이해해달라고 말한다면 상대는 둘 사이의 다양한 경험과 감정을 떠올려요. 기계가 어떻게 그러한 메커니즘을 가질 수 있겠어요. 인공지능은 인간이 말하는 걸 이해하는 것처럼 보일 뿐이지 실제로 이해하는 건 아니죠. 예를 들어 짜장밥이란 게 있는데요. 짜장밥을 한 번도 먹어보지 않은 사람이라도 짜장과 밥이 무엇인지 알면 짜장밥이 대략 어떤 것이란 걸 유추할 수 있죠. 짜장이란 개념과 밥이라는 개념을 알고 있으니 머릿속에서 짜장밥이란 짜장과 밥이 합쳐진 게 아닐까 유추해보며 모양을 잡아가는 거예요. 특별히 누군가 가르쳐주지 않아도 말이에요. 그렇지만 기계는 짜장이 무엇인지, 밥이 무엇인지 배웠다 하더라도 짜장밥이 무엇인지 배우지 않으면 그 둘이 연관되어 있다는 사실을 알지 못해요. 지금의 현실은 그래요. 나중에는 어떻게 될지 모르지만요.

편 인공지능도 사람처럼 말을 할 수 있나요?

이 구글 어시스턴트Assistant가 하는 말을 들은 적이 있나요? 구글 어시스턴트는 구글에서 개발한 스피커 형태의 인공지능 개인 비서 시스템인데요. 사용자의 음성을 인식해 질문을 파악하고 대답을 하거나 음악 재생, 예약, 스케줄 조회, 메시지 전송 등의 업무를 수행하죠. 예약을 위해 레스토랑에 전화해서 하는 이야기를 들어보면 마치 사람이 말을 하는 것처럼 보여요. 상대방의 이야기에 추임새를 넣기도 하고 상황에 따라 다양한 반응을 보이기도 하니까요. 물론 그런 것들을 스스로 생각해서 하는 건 아니고, 어마어마한 양의 데이터를 분석해 패턴을 찾아내어 그중 적절한 말을 뱉어내는 거죠.

편 인공지능도 감정을 가질 수 있나요?

이 어떨 것 같으세요? 저는 인공지능도 언젠가는 감정을 가질 수 있겠지만 쉽게 되지는 않을 거라 생각해요. 감정이란 어떤 일에 대해 마음속으로 느껴지는 기분인데요. 우리는 그런 기분을 배워서 아는 건 아니죠. 누가 가르쳐주지 않아도 슬프거나 기쁜 감정을 느끼잖아요. 그러니 이 문제는 인공지능은 스스로 생각할 수 있는가 하는 것과 같은 맥락에서 고려해볼 문제라고 생각해요. 인공지능은 스스로 어떤 개념을 만들고 이 개념을 상호 연결하면서 눈덩이처럼 부풀려나가지 못해요. 어떤 개념을 하나 찾아낸 후 그걸 자기만의 것으로 만들어내는 게 쉬운 일이 아니거든요. 일 더하기 이가 삼인 것을 학습시키는 것은 간단하지만, 사랑이라는 개념이 무엇인지 느끼게 만들고 그 감정을 발현시키는 것은 완전히 다른 얘기죠. 그러한 감정을 만들어내려면 복잡하고 어려운 과정이 필요해요. 그런 점을 생각하면 근미래에 인공지능이 감정을 갖기란 쉽지 않아 보여요.

편 감정을 느끼는 것도 학습을 통해 가능하지 않을까요?

이 그럴싸하게 보이는 건 가능하죠. 지금도 정서 로봇처럼 감정을 표현하는 로봇이 있긴 해요. 인간을 만나면 반갑게 맞아주거나 농담도 하죠. 슬픈 노래를 들려주면 슬퍼하거나, 인간에게 친근감을 표시하는 로봇도 있고요. 그런 로봇을 보면 인공지능 스스로 상황에 따라 감정을 드러내는 것처럼 보이지만 아직 거기까진 가지 못했어요. 슬픈 감정을 느끼는 것이 아니라 패턴을 읽어내 슬픔과 친숙함 등을 표현하는 것뿐이죠.

편 인간과 어떻게 소통하나요?

이 HMI Human Machine Interface를 연구하는 분야가 있어요. HMI란 시각이나 청각과 관련 지어진 인간의 아날로그적인 인지의 세계와 컴퓨터나 통신의 디지털을 처리하는 기계의 세계를 연결하는 인터페이스를 말해요. 인간과 기계 사이의 원활한 상호작용, 즉 소통을 위해서는 인터페이스가 필요해요. 예를 들어 스크린을 터치하거나 텍스트를 입력하는 행동, 음성이나 제스처를 이용한 제어가 필요한 거죠. 영화에서 보면 누군가 머리에 전선이 연결된 헬멧 같은 걸 뒤집어쓰면 사람의 뇌와 기계가 연결되어 반응이 나타나잖아요. 그런 것도 인터페이스의 하나가 될 수 있겠고요. 가상현실(VR)*이나 증강현실(AR)**, 혼합현실(MR)***도 인터페이스로 사용이 되고 있는데, 앞으로

---

* 컴퓨터로 만들어 놓은 가상의 세계에서 사람이 실제와 같은 체험을 할 수 있도록 하는 최첨단 기술. 머리에 장착하는 디스플레이 디바이스인 HMD를 활용해 체험이 가능

** 현실에 기반하여 정보를 추가 제공하는 기술. 즉, 현실 세계의 이미지나 배경에 가상의 이미지를 추가하여 보여주는 발전된 가상현실 기술

*** 현실 세계에 가상현실이 접목되어 현실의 물리적 객체와 가상 객체가 상호작용할 수 있는

는 더 다양한 센서로부터 더 많은 데이터가 결합되면서 점점 인간과 닮아가는 방향으로 나아갈 것 같아요. 미래에는 완전히 새로운 형태의 인터페이스를 통한 소통이 이루어질 거라고 봐요.

환경. 즉, 현실과 가상이 자연스럽게 연결된 스마트 환경을 제공하여 사용자는 풍부한 체험이 가능

편 인간과 대결을 벌일 수 있을까요?

이 궁극적으로는 인간이 인공지능과 더 많은 영역에서 대결을 벌일 거라고 생각해요. 쉽지는 않겠지만 언젠가는 인공물의 지능이 유기체의 지능과 비교 가능한 수준까지 다다를 날이 올 거라고 생각하거든요. 그렇다면 이 둘의 대결은 피할 수 없을 것 같네요. 그게 지금 당장은 아니지만요. 최근 벌어진 이세돌 9단과 인공지능 알파고의 대결은 아주 국소하고 좁은 영역에서의 대결이에요. 당분간은 이와 같이 좁은 영역에서의 대결이 이어지다 점점 넓은 영역에서의 대결로 확대될 것이라 생각해요.

여기에서 약한 인공지능과 강한 인공지능이라는 개념이 나오는데요. 약한 인공지능은 아주 좁은 영역에서 뛰어난 연산 능력으로 사람의 업무에 도움을 주는 인공지능이에요. 특정한 분야에서 정해진 규칙에 따라 학습을 하는 기능이 있죠. 앞서 얘기한 것처럼 바둑이나 체스를 두거나 사람의 얼굴을 구별하고 복잡한 도로에서 길을 찾는 일 등이 여기에 해당돼요. 약한 인공지능은 인간이 내린 명령 안에서만 행동을 하기 때문에 다른 일은 하지 못해요. 알파고 역시 바둑만 잘 두고 다른 일은 하지 못하죠.

그럼 강한 인공지능이란 무엇일까요? 강한 인공지능은 마치 인간처럼 자아를 가지고 있어 인간이 시키지 않은 일도 필요한 경우 척척 해내요. 인간과 비슷하거나 인간보다 높은 지능 수준을 가지고 종합적인 판단도 하죠. 감정을 갖고 있기 때문에 인간과 친구처럼 소통할 수도 있고요. 반대로 나쁜 감정을 느낄 수도 있겠죠. 공상과학소설이나 공상과학영화에 등장하는 인공지능 로봇들은 주로 이런 강한 인공지능이죠. 아직까지 개발된 것은 아니지만 인공지능은 점차 강한 인공지능으로 나아갈 것이며, 그럴 경우 다방면에서 인간과의 대결은 불가피해 보이네요.

편 약한 인공지능과 인간, 누가 더 뛰어난가요?

이 특정 분야의 일, 예를 들어 특수 계산 처리나 수많은 이미지에서 패턴을 찾아 물체를 식별하는 일, 단순 반복되는 일을 지치지 않고 하는 건 인공지능이나 컴퓨터가 이미 예전부터 사람을 압도했어요. 첨단기술의 발달로 인해 인공지능이 인간을 뛰어넘는 부분은 점점 더 많아지리라 예를 들어 얼마 전에

안과 사진을 보고 질병을 판독하는 인공지능이 소개되었는데요. 근미래에는 이러한 영상 판독 분야에서도 인공지능이 인간의 능력을 앞서지 않을까요?

편 그렇다면 미래에는 인공지능이 모든 면에서 인간을 뛰어넘을까요?

이 인공지능이 발달해 스스로 학습을 하고 감정을 느낀다고 해봐요. 사람들은 인공지능을 인간과 비슷한 존재로 생각할지도 몰라요. 그렇다면 인간의 인권에 해당하는 권리를 인공지능에게도 부여해야 할까요? 또 권리를 부여한 이후, 인공으로 만든 지능이 인간의 지능을 압도한다면 이 인공지능의 권리가 인권보다 우위에 서게 될까요? 지금 당장은 어떻게 그게 가능하냐고 할지도 모르지만, 그런 일이 생기지 않는다고는 확언할 수 없어요. 우리의 미래는 아무도 확신할 수 없죠. 인공지능의 권리가 인간보다 더 우위에 서게 되어 그들이 우리를 지배하는 날이 오더라도 그게 무조건 나쁜 일인지도 생각해 볼 문제이고요. 인공지능 지도자는 인간 지도자에 비해 정해진 규칙에 따라 정당하게 공무를 집행하고, 뇌물과 같은 유혹에 빠지지 않는다고 해봐요. 인간이 아니라는 것에 거부감을 느낄지도 모르지만 청렴하고 합리적인 면에서는 매력적인 지도자가 아닐 수 없죠. 실제로 어떤 일이 벌어질지는 아무도 모르지만 암울한 미래보다는 밝은 미래를 기대해보는 것도 좋을 것 같아요.

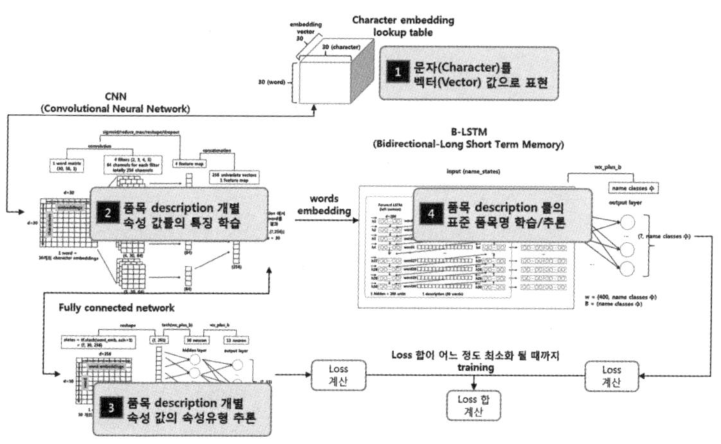

〈인공지능 설계 예시〉

전 세계적으로 화두가 되고 있는 이유는 뭔가요?

편 전 세계적으로 화두가 되고 있는 이유는 뭔가요?

이 우리는 실생활에서 인공지능의 존재를 잘 느끼지 못해요. 하지만 실상은 우리가 느끼지 못하는 많은 분야에 머신러닝이나 인공지능이 탑재되어 적극 활용되고 있죠. 많은 연구들을 보면, 인공지능 기술이 더 발전된 사회에서는 장애를 보조해 주거나 가사를 도와 인간의 복지 수준이 높아지고, 위험한 일

을 대신해주거나 인간의 육체적 한계를 뛰어넘어 우주 공간이나 심해, 극지에서의 작업을 가능케 함으로써 인간의 편리성이 증대될 것이라 예상하고 있어요. 그러한 전망을 볼 때 향후에는 인공지능의 기술 수준이나 응용 능력이 기업이나 국가의 경쟁력을 좌우할 것이라 생각해요.

요즘 4차 산업혁명에 대한 얘기도 많이 하잖아요. 4차 산업혁명에서는 디지털과 아날로그가 융합을 하게 되는데요. 이 융합의 순환 고리에서 핵심적인 역할을 하는 것이 바로 인공지능이에요. 4차 산업혁명의 기반이 바로 인공지능인 것이죠. 너 나 할 것 없이 4차 산업혁명을 중요한 이슈로 거론하면서 그 기반이자 핵심인 인공지능이 자연스레 화두로 떠올랐다고도 할 수 있어요.

우리 생활 속의 인공지능은 어떤 것이 있을까요?

편 우리 생활 속의 인공지능은 어떤 것이 있을까요?

이 우리가 주의 깊게 보지 않아 인식하지 못할 뿐이지 인공지능은 이미 우리 생활 곳곳에 가까이 있어요. 가장 많이 알려진 것은 음성인식, 사용자 맞춤형 검색, 다른 가전과의 연동 기능이 있는 가전제품이나 SK텔레콤의 누구, KT의 기가지니, 카카오의 미니와 같은 인공지능 스피커일 거예요. 또 많이들 알고 있는 게 e커머스Electronic Commerce*의 제품 추천, 유튜브의 동영상 추천 등이고요. 그러나 우리가 쉽게 인식하지 못하지만 은행 고객의 등급 구분과 이자율 계산, 콜센터의 아웃바운드 콜 등에도 인공지능이 사용되고 있죠. 콜센터에서는 어떤 사람이 전화를 잘 받고 어떤 사람이 잘 받지 않는지를 모형화해요. 개인 정보, 카드 사용 추이 등 각종 데이터를 기반으로 전화를 잘 받을 것 같은 사람을 모델링 한 후 그 등급이 높은 사람들 순으로 전화를 걸고 있죠.

---

* 온라인 네트워크를 통해 제품과 서비스를 사고파는 모든 형태의 거래

그리고 최근에는 해외에서만 시행되었던 인공지능을 활용한 진료행위가 국내에서도 본격화되었어요. IBM의 인공지능 시스템인 왓슨Watson이 가천대 길병원과 부산대병원 등에 도입되어 진료를 시작했죠. 왓슨은 인간 의사와 더불어 진단은 물론 처방까지 조언하는 것으로 알고 있어요. 구글이나 테슬라, GM, 현대, 토요타에서 개발한 자율주행차, 지능형 가상 비서인 애플의 시리Siri나 구글의 어시스턴트, 삼성의 빅스비Bixby 등도 있네요. 또 최근 해외여행에서 많이 사용하는 파파고Papago와 같은 번역기도 빼놓을 수 없겠죠. 이러한 사례는 모두 국소 영역에서 인공지능 기술과 접목되었어요. 앞으로는 점차 그 범위가 넓어질 것이며 산업 전반으로 확대될 것으로 보여요.

우리나라 인공지능 기술의 수준은 어떤가요?

편 우리나라 인공지능 기술의 수준은 어떤가요?

이 우리나라도 선진국들과 마찬가지로 인공지능을 활용한 자율주행차나 재난구조로봇, 번역기 등을 개발하고 있어요. 다만 외국에 비해 기술 수준이 조금씩 떨어져 있죠. 일부 대등한 분야도 있겠지만 전반적으로 미국과 같은 선진국에 비해 3~5년 정도 뒤처져있지 않나 싶어요. 인공지능이나 로봇기술, 생명과학을 연구 개발하는 기초학문 분야는 당장 돈이 되는 산

업은 아니에요. 그렇기 때문에 국가의 지속적인 관심과 투자가 필요하죠. 이를 인식한 문재인 정부는 산업 경쟁력을 높이기 위해 올해 초 4차산업혁명위원회를 발족시켰어요. 이를 통해 집중적이고도 장기적인 투자가 이루어져 인공지능과 데이터 기술의 기반을 확보하고 신산업과 신서비스가 육성되면 좋겠네요.

구글 등의 회사가 인공지능 연구에서 앞서는 까닭은 무엇인가요?

편 구글 등의 회사가 인공지능 연구에서 앞서는 까닭은 무엇인가요?

이 인공지능이라는 생태계를 들여다보면 데이터와 플랫폼, 알고리즘 그리고 R&D로 이루어져 있다는 것을 알 수 있을 거예요. 그렇다면, 전 세계에서 가장 많은 데이터가 모이는 곳은 어디일까요? 가장 많은 유저를 보유한 플랫폼은 또 어디일까요? 가장 최신의 알고리즘을 개발해 직접 적용하는 곳은 어디일까요? 대규모의 자본을 바탕으로 지속적으로 R&D 투자가 이루어지는 곳은 어디일까요? 이 모든 질문에 대한 답이 무엇인지 생각해보면 질문의 답이 나오겠죠?

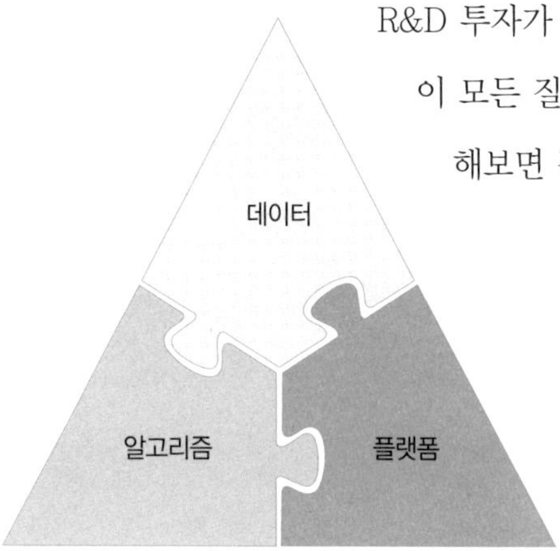

데이터

알고리즘

플랫폼

인공지능에 대해 오해하고 있는 부분이 있다면요?

편 인공지능에 대해 오해하고 있는 부분이 있다면요?

이 이세돌 9단이 인공지능 알파고에게 무릎을 꿇는 모습을 지켜본 많은 사람들은 무한에 가까운 경우의 수가 있는 특정 문제에서도 기계가 인간 지능 그 이상을 학습할 수 있다는 것을 알게 되었죠. 세기의 바둑 대결이 있은 후 인공지능은 인간을 대체할 수 있는 존재로 여겨지며 하나의 트렌드로 자리매김했어요. 마케팅에 능한 사람들이 주목을 끌기 위한 수단으로 이를 이용하면서 인공지능이라는 개념은 무분별하고도 애매모호하게 사용되기도 하고, 때론 그 성능이 매우 과장되고 있죠. 그 결과 일반 사람들은 인공지능에 대해 정확히는 알지 못하지만 어렴풋이 매우 대단한 것으로 느끼게 되었어요. 인간의 물음에 답변을 하거나 우리의 행동에 반응을 하면 스스로 사유를 하고 자신만의 생각을 가진 것처럼 보이기도 하니까요.

굉장히 그럴싸해 보이지만 실상은 그렇지 않다는 게 우리가 인공지능에 관해 오해하고 있는 부분이에요. 주어진 조건에 따른 규칙에 대한 판단일 뿐 사유의 결과는 아니라는 거죠. 머신러닝도 마찬가지예요. 일반인들이 이 단어만 보면 마치 기계 스스로 학습을 하는 것처럼 느껴질 수 있지만 실상은 그렇지 않아요. 많은 양의 데이터에 기반해 규칙을 정리하는 것이지 기계 스스로 자신의 지능을 개발하는 것은 아니죠. 집에서 키우는 반려견과 반려묘는 주인과 교감을 형성하기도 하는데요. 오히려 반려동물이 감정을 기반으로 교감을 형성하는 과정이 실질적인 의미의 지능에 더 가깝죠.

편 인공지능이라고 하면 사람들은 흔히 '로봇'을 떠올려요. 인공지능과 로봇은 무엇이 다른가요?

이 인공지능은 일종의 컴퓨터 프로그램이에요. 로봇은 이 컴퓨터 프로그램을 탑재하여 인간이 원하는 일을 처리하도록 만든 구조물이고요. 산업현장의 조립로봇이나 빅독BigDog과 같은 군사용 로봇, 폭발물을 탐지하고 제거하는 로봇 등이 있는데요. 이들 로봇은 각각 고유의 탁월한 능력을 보유하고 있으며 인간을 대신해 그들에게 주어진 역할을 수행하고 있죠.

인공지능의 발전이 부정적인 결과를 초래할지도 모른다는 우려에 대해서는 어떻게 생각하세요?

편 인공지능의 발전이 부정적인 결과를 초래할지도 모른다는 우려에 대해서는 어떻게 생각하세요?

이 날로 발전하는 첨단 기술로 인해 인공지능은 실로 우리의 생활 가까이까지 들어왔죠. 인공지능 로봇의 등장으로 새로운 일자리가 창출되고 다양한 영역에서 생산성이 증가하는 긍정적인 효과도 있지만, 기존 직업들 중 일부가 로봇으로 대체될 것이라는 부정적인 견해 또한 만만치 않은데요. 저 역시 그런 점에서는 우려를 표하지 않을 수가 없어요.

실제로 맥도날드의 무인주문기는 인간의 일자리를 대체하고 있죠. 골드만삭스는 주식 트레이딩에 켄쇼라는 인공지능 트레이더를 활용해 600명에 달하는 인력을 단 2명으로 줄인 바 있고요. 켄쇼는 인간에 비해 훨씬 적은 비용이 들며 감정에 휘둘리지 않아 위기 상황에서 효과적인 판단을 내린다고 해요. 비용과 효율만을 고려하면 이와 같은 일은 점점 더 많아질 것 같아요.

보안과 관련된 문제도 생각해볼 수 있는데요. 네트워킹 기술이 발전할수록 해킹과 보안에 취약한 구조가 되기 때문에 이에 대비하는 것이 반드시 필요해요. 또한 최근 빅데이터Big Data*에 대한 수요가 늘면서 사람들의 개인 정보가 가감 없이 데이터화되고 있는데요. 이는 사생활 침해는 물론 사이버 범죄로 이어질 수도 있기에 합법적으로 데이터를 수집하고 안전

---

* 디지털 환경에서 생성되는 방대한 규모의 데이터 또는 이로부터 경제적 가치를 추출 및 분석할 수 있는 기술

하게 관리하는 방안에 대해서도 진지한 고찰이 필요하다고 생각해요.

편 인공지능과 관련한 윤리적인 문제도 생각해볼 필요가 있지 않을까요?

이 인간을 대신해서 싸우는 전쟁 로봇이 개발되고 있는데요. 전쟁 로봇의 등장으로 군사적인 피해는 최소화될지도 몰라요. 하지만 기계가 스스로의 판단만으로 인간을 죽일 수 있는가 하는 등의 윤리적인 문제가 남게 되죠. 이에 킬러 로봇의

로보어드바이저 Robo-Advisor

로보어드바이저는 로봇[Robot]과 투자전문가[Advisor]의 합성어로, 고도화된 알고리즘과 빅데이터를 활용해 자산을 관리해주는 인공지능이에요. 직접 사람을 마주하고 상담하지 않고도 온라인 환경에서 자산 배분 전략을 짜주기 때문에 개인 맞춤형 서비스가 가능하며 수수료가 저렴하죠. 이런 장점에 힘입어 로보어드바이저는 금융시장에서 빠른 속도로 성장 중이에요. 사람보다 더 신뢰할 수 있는 상품을 구성할 수 있다는 이유로 말이에요.

개발과 이용을 금지하자는 목소리가 높아지고 있어요. 구글은 미 국방부와 함께 메이븐 프로젝트를 진행 중에 있어요. 메이븐 프로젝트란 구글의 인공지능 기술로 미 공군 무인전투기의 타격 능력 향상을 꾀하는 프로그램이죠. 일부 구글 직원들은 메이븐 프로젝트에 반대하며 전쟁 사업에 참여하지 말라는 청원을 CEO에게 보내기도 했어요. 많은 시민운동가들 역시 인도주의적 차원에서 인공지능 무기에 대한 강력한 법적 규제를 주장하고 있으나, 인공지능 기술의 범용성, 우수한 무기에 대한 탐욕, 적국에 대한 불신 등의 이유로 인공지능 무기에 대한 개발과 수요는 늘 것으로 전망되고 있어요. 기술은 계속해서 발전하는데 윤리 문제에 대한 고찰과 국제 협약은 이루어지고 있지 않아 안타까워요.

그리고 자율주행차의 의사결정과 관련된 윤리 문제도 있어요. 자율주행차가 주행 중에 갑자기 도로에 뛰어든 사람을 만난다고 가정해봐요. 이 사람을 피하느라 핸들을 오른쪽으로 꺾으면 보행자 한 명이 사망해요. 왼쪽으로 꺾으면 차량과 충돌해 십여 명의 사상자를 내고요. 그렇다면 자율주행차는 어떤 의사결정을 내려야 할까요? 우리는 자율주행차에 어떤 규칙을 심어줘야 할까요? 우리는 다 같이 이 문제에 대해 숙고해야 해요. 이 문제를 공론화해서 다 같이 고민해봐야 해요. 인간만이 운전을 했던 때에는 사고가 발생하면 사고 상황과 사고를 낸 개인의 판단에 따라 시시비비를 가렸지만, 이젠 미리 명시할 필요가 있으니까요.

아실로마 인공지능 원칙

최근 이미지 인식 기술의 불완전성으로 흑인 여성을 고릴라로 인식하고, 데이터 부족과 잘못된 학습의 결과로 번역기가 니그로라는 인종 차별 단어를 사용하거나 챗봇이 욕설과 혐오주의 표현을 해 논란이 된 적이 있죠.

기업에서는 시대의 흐름에 따라 인공지능 기술을 적극 도입할 수밖에 없는데, 이때 발생할 수 있는 윤리적 문제를 최소화하기 위한 노력도 반드시 필요해요. 인공지능 기술의 발전으로 야기되는 다양한 윤리적 문제를 해결하기 위해 많은 기관과 단체에서는 여러 가지 방안을 모색하고 있는데요. 그중에서도 2017년에 인공지능 연구자와 법학자, 윤리학자 등이 모여 선언한 아실로마 인공지능 원칙이 가장 대표적인 사례죠. 그 내용은 다음과 같아요.

첫째, 각 사의 제품과 서비스를 출시하기 전에 잠재적인 윤리 이슈가 존재하는지 여러 전문가로 구성된 새로운 방식의 윤리 위원회를 구성해야 해요. 구글은 이미 몇 년 전에 윤리 위원회를 구성해 운영하고 있죠.

둘째, 학습에 사용하는 데이터가 사회적 편향이나 왜곡을 담고 있는지를 검증하는 데이터 윤리 프레임워크를 개발하거나 활용해서 자사의 데이터 문제를 사전에 확인해야 해요.

셋째, 내부의 인공지능 개발자나 관계자가 지켜야 하는 윤리 원칙을 수립하고 이를 엄중하게 집행하기 위한 내부 프로세스를 만들어야 해요. 마이크로소프트, 딥마인드 등은 이런 원칙을 대외에 발표하고 내부 엔지니어들이 지키도록 요구하고 있죠.

넷째, 사용자가 발견하는 윤리적 문제를 회사가 보고받을 수 있는 채널과 이에 대한 대응 정책을 수립해야 해요. 구글이나 마이크로소프트에서 문제 발생 시 하루 만에 빠르게 대응한 사례가 대표적이죠.

다섯째, 사용자가 지켜야 할 가이드라인을 서비스나 제품 구매 시에 명확하게 알려줄 수 있어야 해요. 소니가 페퍼 로봇을 구입하는 사용자에게 받는 동의서에는 페퍼 로봇을 가지고 하지 말아야 할 점이 기술되어 있죠.

인공지능 전문가란

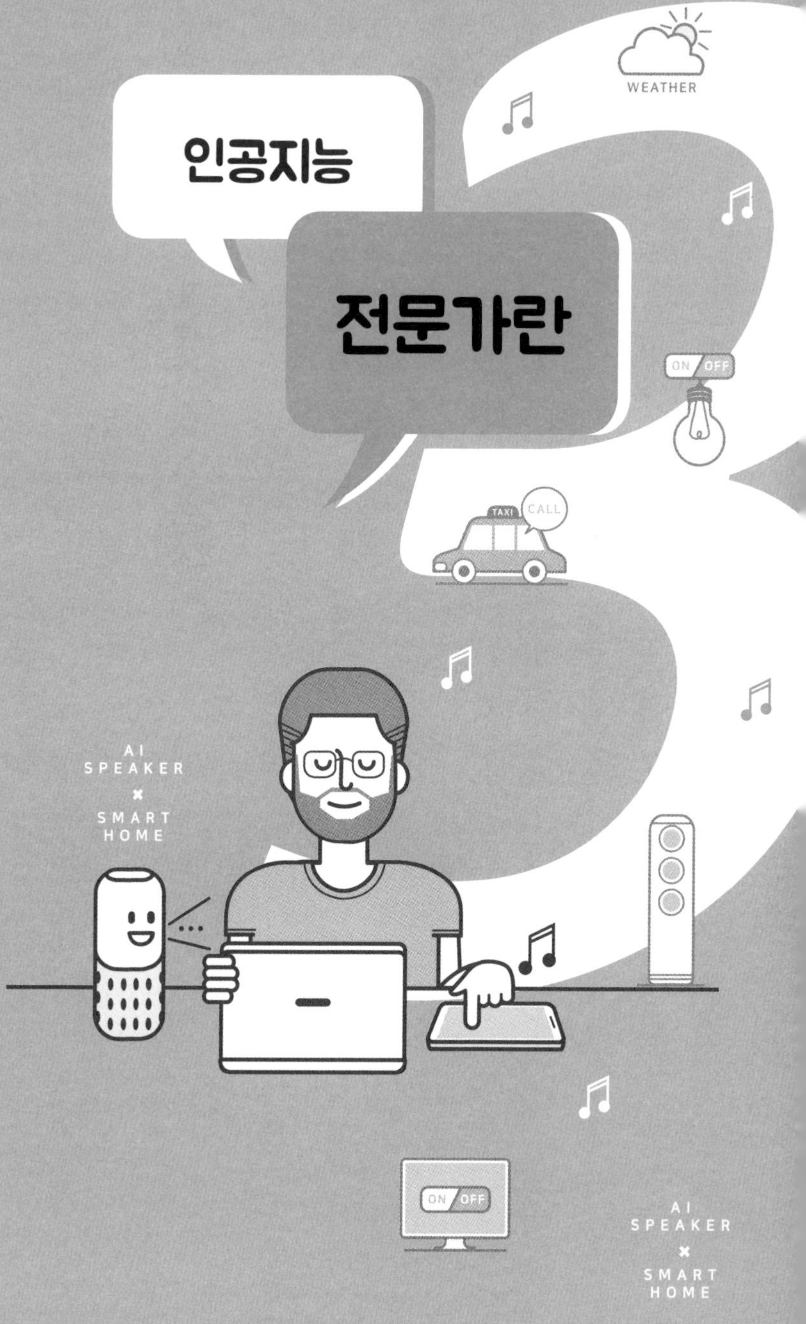

본격적으로 이 직업에 대해 이야기하기 전에 함께 생각해봤으면 하는 게 있어요. 제가 첫 인터뷰를 마치고 『이기적 유전자』라는 책을 한 번 더 읽게 되었거든요. 앞에서도 잠깐 언급했지만 다시 얘기해볼게요. 현대 생물학의 새로운 지평을 연 세계적인 석학 리처드 도킨스의 이 책은 이렇게 시작해요. "어떤 행성에서 지적 생물이 성숙했다고 말할 수 있는 것은 그 생물이 자기의 존재 이유를 처음으로 알아냈을 때이다."

지구라는 행성에 존재하는 수십억 수많은 생물들은 진화를 거듭해 지금에 이르렀어요. 이들 중 자신이 어떻게 태어났는지, 왜 사는지, 어떤 역사를 거쳐 지금의 내가 되었는지 알고 있어야 지적 생물이라는 개념이 성립된다고 해보죠. 동물들은 자신에게 지능이 있다고 생각할까요? 개나 고양이, 원숭이와 같은 동물들도 지능을 소유하고 있긴 하지만 그들 스스로 지능을 인식하고 개념을 정의할 수는 없을 거예요. 동물 지능의 수준이라는 것이 인간과 비교했을 때 영아기의 수준이라고 하니까요. 결국 어떤 문제에 대해 합리적으로 사고하고 해결해내는 능력이 지능이며, 지능을 지수화하고 지능의 수준을 계층화하여 판단 가능한 종이 지적 생물이라고 봐야겠죠. 지구의 유일한 지적 생물이었던 인간은 이제 새로운 지능을 만들어내고 있어요. 인공지능이 바로 그것이죠. 이 인공지능은 때로 인간보다 더 나은 학습능력과 추론 능력, 지각 능력을 발휘해 문제를 해결하기도 해요. 점차 인간의 뇌를 닮아가는 방향으로 발전할 것이라 예측되고 있고요. 그렇다면 인공지능 스스로 자신이 어떻게 만들어졌는지, 왜 만들어졌는지, 어떻게 진화해 왔는지 깊이 생각하는 날이 올지도 모르겠네요. 근 미래에 인공지능이 자신의 존재 이유에 대해 고찰한다면 우리는 그것을 어떻게 바라봐야 할까요? 여러분도 함께 생각해봐요.

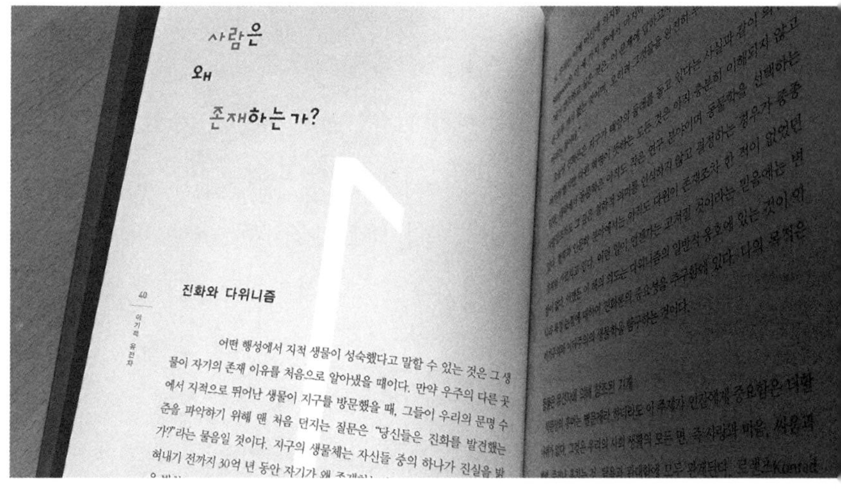

인공지능전문가라는 직업에 대해 소개해주세요.

편 인공지능전문가라는 직업에 대해 소개해주세요.

이 빅데이터나 데이터를 분석하는 능력과 통찰력, 각종 통계나 머신러닝, 알고리즘, 분석 기법에 대한 이해를 바탕으로 인공지능 기술을 산업이나 국가 정책 등에 적용할 수 있는지 정의하고 기획하고 구성하는 일을 해요.

편 데이터사이언티스트나 빅데이터전문가와는 어떻게 다른가요?

이 수많은 데이터의 홍수 속에서 가치 있는 데이터를 추출해 다각적으로 분석하고 데이터에 나타난 새로운 현상이나 패턴을 통해 의사결정을 위한 조언 또는 방향을 제시하는 사람이 바로 데이터사이언티스트예요. 한 마디로 데이터를 잘 다루는 사람이죠. 이들은 데이터 엔지니어링과 수학, 통계학, 고급 컴퓨팅 등을 통해 사업에 활용할 가치 있는 정보를 찾아내 가공하고 새로운 패턴을 찾아내어 새로운 경향을 예측하기도 해요. 최근 폭발적으로 증가한 데이터의 양 덕분에 이전에는 몰랐던 새롭고 신기하고 가치 있는 정보를 찾아 가공하는 데이터사이언티스트의 역할이 매우 중요해지고 있어요.

데이터를 통해 사람들의 행동 패턴 또는 시장의 경제 상황 등을 예측하는 사람을 빅데이터전문가라고 해요. 이들은 데이터 속에 함축된 경향을 도출하고 이로부터 새로운 부가가치를 창출하기 위해 대량의 빅데이터를 관리하고 분석하죠. 이 일을 잘 수행하기 위해서는 데이터를 이해하고 간파하는 통찰력이 필요하며, 데이터를 처리하고 의미 있는 결과를 만들어내는 데에도 능숙해야 해요.

최초의 인공지능전문가는 누구인가요?

편 최초의 인공지능전문가는 누구인가요?

이 최초의 인공지능전문가를 꼽으라면 앨런 튜링Alan Turing을 얘기하고 싶네요. 그전까지 기계 덩어리에 불과했던 컴퓨터가 생각하는 기계가 될 수 있다는 개념을 정립해 인식의 전환을 가져오게 한 사람이잖아요. 과연 기계도 생각을 할 수 있을까에 대한 진지한 고민을 했던 최초의 사람, 앨런 튜링이 최초의 인공지능전문가라고 생각해요.

편 어떻게 이 직업이 생겼는지 궁금해요.

이 좀 어려운 질문이네요. 원래 세상에 없던 것이 새로이 생긴 거잖아요. 여러 가지 기전이 복합적으로 영향을 미쳐 이 직업이 생겨났을 텐데요. 그중 첫 번째는 빅데이터의 탄생이라고 봐요. 저는 대학에서 통계학을 전공했는데 그때까지만 해도 데이터랄 게 별로 없었어요. 데이터의 양이 적어 양질의 데이터를 얻기 위한 실험계획법도 배워야 했죠. 그런데 지금은 어떤가요? 데이터의 홍수 시대라고 하잖아요. 분석할만한 데이터가 쏟아져 나오는 것이 첫 번째 이유예요. 경우에 따라서는 설문지를 만들어 사람들을 찾아다니며 데이터를 만들기도 했어요. 그런데 데이터가 아무리 많다고 해도 이것을 추출해 내고 다루는 도구가 없다면 아무런 의미가 없어요. 알고리즘이라는 도구가 생겨났고 그중에서도 성능이 좋은 알고리즘이 많아진 것이 두 번째 이유예요. 세 번째 이유는 각종 하드웨어와 소프트웨어의 가격이 굉장히 저렴해졌다는 사실이에요. 아무리 예상되는 성과가 좋더라도 너무 큰 비용이 든다고 하면 실현 가능성이 낮으니까요. 이 세 가지 요인이 인공지능 기술과 인공지능전문가가 나오게 된 배경이 되었다고 생각해요.

편 그 시기가 언제쯤인가요?

이 빅데이터나 데이터마이닝Data mining* 같은 얘기들이 폭발적으로 나온 건 2010년대 중반 정도예요. 선진국의 경우 2010년대 초반부터 그런 얘기들이 있었고요. 매우 최근의 일이죠. 보편화되고 통용되며 우리 사회에 적용된 시기가 길지 않아 이 분야의 전문가라 하더라도 그 경력이 아주 오래되지는 않았어요.

---

* 많은 데이터 가운데 숨겨져 있는 유용한 관계와 새로운 패턴을 발견하여, 미래에 실행 가능한 정보를 추출해내고 의사 결정에 이용하는 과정

편 우리가 알만한 유명한 인공지능전문가가 있을까요?

이 대중적으로 가장 많이 알려진 사람은 아마도 구글 딥마인드에서 알파고를 만든 데미스 하사비스Demis Hassabis 박사가 아닐까 싶은데요. 그는 불가능에 도전한 인공지능의 대가로 불리고 있죠. 데미스 하사비스는 4살 무렵 체스를 배우기 시작해 세계 유소년 체스대회에서 2위까지 오른 체스 신동이었어요. 체스와 함께 그의 마음을 사로잡은 것이 바로 컴퓨터였죠. 자신의 상상력과 창의력을 마음껏 발휘할 수 있는 프로그래밍의 매력에 푹 빠진 그는 어린 나이에 성공한 게임 개발자가 되었지만, 그 삶을 뒤로 하고 더욱 전문적인 지식을 쌓기 위해 대학에 들어가 연구를 계속했어요. 그리고 컴퓨터공학과 뇌과학 등 다양한 학문을 융합해 혁신적인 인공지능, 알파고를 만들어냈죠. 그는 인간의 마음을 더 잘 이해하고 인간의 삶을 향상시키기 위한 인공지능을 개발해야 한다고 말해왔으며, 그러한 신념을 지키기 위해 기후변화나 질병과 같은 인류의 난제를 해결할 인공지능을 개발하겠다고 약속했어요. 그가 알파고에 이어 또 어떤 놀라움을 선사할지 기대가 커요.

영화 〈아이언맨〉, 많이들 보셨을 텐데요. 영화의 주인공인 토니 스타크의 모델로 삼은 인물이 바로 테슬라모터스의

CEO인 엘론 머스크Elon Musk라고 하죠. 그는 전기기계공학자인 아버지의 영향을 받은 덕분인지 컴퓨터 프로그래밍을 독학했으며, 24살의 나이에 인터넷을 기반으로 지역 정보를 제공하는 집투라는 회사를 설립했어요. 매각과 인수 합병 등을 거쳐 큰 성공을 이룬 그는 세 번째로 설립한 회사 스페이스엑스를 통해 우주 발사형 비행체를 화성으로 보내는 도전을 시작했죠. 전기자동차 회사인 테슬라모터스와 태양광발전 회사인 솔라시티를 통해 재생에너지에 대한 도전도 멈추지 않고 있고요. 인터넷과 재생에너지, 우주에 대한 그의 열망으로 인해 우리의 미래는 또 어떻게 변모할지 너무나 궁금해져요.

학계에도 유명한 분들이 많지만 그중에서도 인공지능 4대 선구자라고 일컬어지는 네 분을 소개해드릴게요. 먼저 얀 르쿤Yann Lecun은 프랑스 출신의 컴퓨터 과학자로 1980년대 말부터 컴퓨터에 인간의 뇌를 모방한 가상 신경망을 심어 연산하는 연구에 몰두해왔어요. 영상 분야 인공지능의 대표적인 기술인 CNNConvolutional Neural Network*을 개척한 인물이죠. 지금은 페이스북 인공지능 리서치를 이끌고 있어요. 다음으로 제프리

---

* 합성곱 신경망. 이미지 인식이나 음성 인식에 사용되는 인공신경망의 한 종류

힌튼Geoffrey Hinton은 영국 출신으로 1980년대 초부터 데이터 연구에 뛰어들어 인공 신경망 구축의 초기 단계를 이끌었어요. 인공지능 발전의 뿌리를 가꾸고 일군 사람이자 죽어가던 인공지능 연구를 화려하게 부활시킨 딥러닝 개념의 창시자죠. 지금은 토론토 대학의 교수이자 구글 인공지능 부문의 수장이에요. 세 번째로 소개할 분은 캐나다 출신의 컴퓨터 과학자인 요슈아 벤지오Yoshua Bengio예요. 인공 신경망과 딥러닝 분야의 대가로 최근 큰 관심을 끌고 있는 딥러닝 인공지능 알고리즘인 GANGenerative Adversarial Network* 알고리즘의 발전에 크게 기여했어요. 최근에는 연구단계의 인공지능 기술을 사업화할 수 있도록 도와주는 인큐베이터 엘리먼트 에이아이Incubator Element AI 사를 공동 창업했어요. 마지막 선구자는 스탠포드 대학의 앤드류 응Andrew Ng 교수예요. 인공지능의 자연어 처리 연구와 인공지능의 온라인 교육에 크게 기여한 분이죠. 스탠포드 엔지니어링 에브리웨어를 통해 머신러닝 과목을 온라인으로 무료로 가르치며 일반인들에게 딥러닝을 소개하는데 큰 역할을 했거

* 생성적 적대 신경망, 두 신경망 모델의 경쟁을 통해 진짜 같은 가짜 이미지를 만들어내는 알고리즘

든요. 중국 최대의 검색 엔진 기업인 바이두에서 일하며 인공지능 분야에서 구글에 버금가는 성과를 내는데 큰 역할을 하기도 했어요. 지금은 바이두에서 나와 인공지능 회사를 설립

튜링 테스트 Turing Test

앨런 튜링은 1950년에 〈계산기와 지성〉이라는 논문을 발표하며 튜링 테스트라 불리는 인공지능 판별 실험을 제안했어요. 실험의 내용을 보면, 컴퓨터와 대화를 나누어 컴퓨터의 반응을 인간의 반응과 구별할 수 없다면 해당 컴퓨터를 생각할 수 있는 것으로 간주해야 한다는 것이었죠. 50년 뒤에는 보통 사람으로 구성된 질문자들이 5분 동안 대화를 한 뒤 컴퓨터의 진짜 정체를 알아낼 수 있는 확률이 70%를 넘지 않도록 프로그래밍하는 것이 가능해질 것이라 예견했고요. 이러한 견해가 인공지능의 개념적 기반을 제공했으며, 그의 이름을 딴 튜링 테스트는 인공지능을 판별하는 기준이 되었죠.

2014년 영국의 레딩대학교가 개발한 컴퓨터 프로그램인 유진 구스트만Eugene Goostman이 처음으로 튜링 테스트를 통과했어요. 우크라이나 국적의 13세 소년으로 설정된 유진과 대화를 나누었던 심사위원 25명 가운데 33%가 진짜 인간이라고 판단했거든요. 하지만 대화 도중 엉뚱한 대답을 한 경우도 많아서 진정한 인공지능으로 인정하기는 어렵다는 의견도 있어요.

튜링 테스트 이후의

간략한 인공지능 역사

1950 ● 튜링 테스트(Turing Test)

컴퓨터 과학자 앨런 튜링이 기계에 지능이 있는지를 테스트하기 위해 제시한 방법이에요. 만약 기계가 사람과 비슷하게 대화할 수 있다면 그 기계는 지능이 있는 것으로 판별하죠.

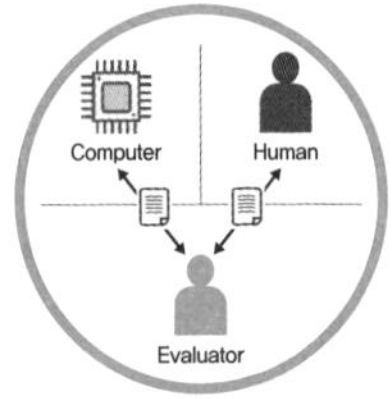

1955 ● 인공지능의 탄생(A.I. Born)

'인공지능'이라는 용어는 지능을 가지는 기계를 만드는 연구 분야를 지칭하기 위해 컴퓨터 과학자 존 매카시(John McCarthy)가 처음 사용하면서 만들어졌어요.

1961 ● 유니메이트(Unimate)

최초의 산업용 로봇인 유니메이트는 GM의 조립공정에 투입되었어요.

1964 ● 엘리자(Eliza)

MIT 대학의 조셉 와이젠바움(Joseph Weizenbaum)이 개발한 엘리자는 사람과의 대화를 흉내 낼 수 있는 초기 형태의 챗봇이에요.

챗봇(Chatbot): 챗(Chat)과 로봇의 합성어인 챗봇은 음성이나 문자로 인간과 대화하는 작업을 수행할 수 있는 인공지능을 의미해요.

1966 쉐이키(Shakey)

스탠포드 대학에서 만든 쉐이키는 자신의 행동을 스스로 추론하여 결정하는 최초의 범용 목적 이동 로봇이에요.

인공지능 암흑기(AI Winter)

수많은 잘못된 시작과 연구 결과에 대한 실망으로 인공지능은 대중의 시선에서 잊히는 암흑기를 맞게 되죠.

1997 딥블루(Deep Blue)

IBM이 개발한 체스 게임 컴퓨터인 딥블루는 체스 경기에서 세계 챔피언인 개리 카스파로브(Garry Kasparov)를 이겼어요.

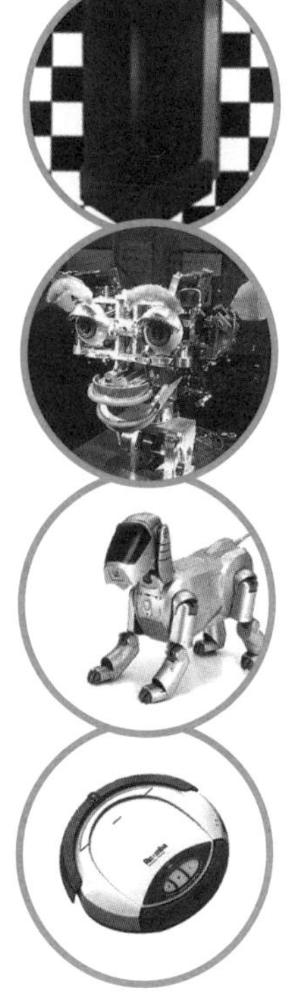

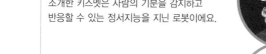

1998 키스멧(Kismet)

MIT 대학의 신디아 브리질(Cynthia Breazeal)이 소개한 키스멧은 사람의 기분을 감지하고 반응할 수 있는 정서지능을 지닌 로봇이에요.

1999 아이보(AIBO)

소니(Sony)는 훈련을 통해 기술과 성격을 개발할 수 있는 최초의 상용 로봇 애완견 아이보를 선보였어요.

2002 룸바(Roomba)

iRobot사가 개발한 룸바는 최초로 대량생산된 진공청소로봇으로 길을 찾고 집안을 청소하는 방법을 학습했어요.

2011

시리(Siri)

애플은 음성 기반 지능형 가상 도구인 시리를 아이폰 4S에 통합했어요.

왓슨(Watson)

음성으로 제시되는 질문을 이해하고 이에 답할 수 있는 컴퓨터인 IBM의 왓슨은 백만 불의 상금이 걸린 유명한 TV 퀴즈쇼 저파디(Jeopardy)에서 1등을 차지했어요.

2014

유진(Eugene)

챗봇인 유진 구스트만(Eugene Goostman)은 약 1/3의 검사자가 유진을 인간으로 판별하면서 튜링 테스트를 통과했어요.

알렉사(Alexa)

아마존은 고객의 쇼핑 업무를 도와줄 수 있는 음성 기반 지능형 가상 도구인 알렉사를 선보였어요.

2016

테이(Tay)

마이크로소프트의 챗봇인 테이는 SNS 상에서 폭력적이고 인종차별적인 메시지를 쏟아내면서 예상치 못한 문제를 일으켰죠.

2017

알파고(Alphago)

구글의 인공지능인 알파고는 무한한 경우의 수를 가진 게임인 바둑에서 세계 챔피언인 이세돌을 이기죠.

AlphaGo

한 것으로 알고 있어요. 이분들 외에도 인공지능과 관련해 재미있는 일을 하는 사람들이 참 많아요. 여러분도 한 번 찾아보세요.

튜링 테스트 이후의 인공지능 역사에서 중요한 기술들을 간략히 살펴보았어요. 보시는 것처럼 인공지능은 이제 고작 60년의 역사를 가진 학문 분야예요. 알파고, 시리, 알렉사처럼 이미 우리 생활 속에 자리 잡은 친숙한 기술도 있는 반면 왜 인공지능의 역사에 소개되는지 의아한 기술들도 있어 보이죠. 하지만 언급된 기술들은 인공지능의 역사에서 중요한 기술적 진보 또는 사건과 연관이 있어요. 다시 말해, 지금껏 걸어온 인공지능의 역사는 결국 인간의 지능을 어떻게 이해하고 이를 모방했는가, 또 결과로 확인된 한계를 극복했는가로 요약할 수 있어요.

구체적으로 어떤 일을 하나요?

편 구체적으로 어떤 일을 하나요?

이 저희는 알고리즘 등의 도구를 통해 인공지능을 설계하고 개발해 이를 적용하여 문제를 해결하는 일을 해요. 구체적으로 이야기해볼게요. 우선 지금 풀고자 하는 문제 혹은 의뢰인의 문제가 무엇인지 정확하게 이해하고 파악하는 것이 첫 번째예요. 새로운 분야일 경우 배경 지식이 부족하기 때문에 책이나 논문 등을 찾아 읽고, 관련 분야에 종사하는 지인이 있으면 만나 해당 분야의 구조와 문제의 원인을 묻기도 해요. 그러다 보면 그동안 문제를 해결하기 위해 노력했던 것들, 검토했던 대안들, 대책으로 내세웠던 솔루션들이 무엇인지 알게 되죠. 문제 상황을 파악한 후 과연 이런 상황에 인공지능 기법을 적용할 수 있을까 하는 실행가능성을 다각도로 모색해보는데 이게 가장 먼저 하는 일이에요.

인공지능 기법의 적용이 가능하다는 판단이 들면 이를 통해 해결도 가능할 것인지 판단하는 단계를 거쳐요. 그리고 세 번째 단계에서 청사진을 그리죠. 어떤 식으로 설계를 하면 문제가 해결될 것이다 하는 큰 그림을 그리는 거예요. 100% 완

벽한 모형이나 모델은 존재하지 않기에 그 설계가 과연 적절한 것인지 고민하는 과정이 꼭 들어가고요. 세 번째 단계에서 구상한 모형을 구현한 후 데이터 중 일부를 샘플링해서 의도한 대로 잘 구현이 되는지 성능을 검토하는 과정이 네 번째 단계예요. 모형의 성능을 결정하는 요소 중 하이퍼파라미터Hyperparameter라는 게 있는데, 하이퍼파라미터를 최적화해 목표한 성능값이 나오도록 계속해서 튜닝하는 작업을 이어나가죠.

샘플링을 통해 일부의 성능을 확인했다면, 마지막 다섯 번째 단계에서는 모형 전체가 잘 구현되었는지 전체적으로 성능을 점검해요. 모자란 점은 보완해나가면서요. 이런 대략적인 흐름을 의뢰인에게 설명하는 일도 해야 해요. 전문분야라 의뢰인 대부분이 저희가 사용하는 용어와 개념을 낯설고 생소하게 생각하기 때문에 쉽게 도식화해서 설명하는 커뮤니케이션 능력이 필요하죠.

남녀 비율은 어떻게 되나요?

편 남녀 비율은 어떻게 되나요?

이 남녀 비율에 있어 큰 차이는 없어요. 일반 사무직군의 남녀 비율과 비슷하다고 생각해요.

외국의 전문가와 다른 점이 있을까요?

편 외국의 전문가와 다른 점이 있을까요?

이 인공지능전문가의 경우 해당 연구가 활발한 미국이나 캐나다, 일본, 중국 등에 비해 기본적인 처우가 좋지 못한 편이에요. 본인의 기술과 경력이 어느 정도 갖춰진 경우 외국에서 일한다면 국내에서 받는 연봉보다 아마 서너 배는 더 받을 거라 생각해요. 언어적인 장벽이 있을 수 있으나 머신러닝엔지니어나 데이터사이언티스트 같은 경우 굳이 말을 많이 하지 않아도 되니 큰 문제는 없을 것 같고요. 처우 전반에서 상당히 큰 차이가 나는데요. 왜 그럴까요? 그 배경을 들여다보면 정부의 정책과 기업의 장기적인 관점의 대규모 투자 때문이라는 것을 알 수 있어요. 높은 기술력을 보유하고 있으며 잠재력도 커 앞으로의 발전 가능성이 더 기대되는 중국의 모습을 보면 잘 알 수 있을 거예요.

중국의 인공지능 기술이 앞서게 된 까닭이 무엇일까 생각해보면 그 원동력 중 첫 번째는 데이터가 아닐까 싶어요. 앞서 인공지능의 도입 배경을 이야기할 때 빅데이터의 탄생을 원인으로 꼽았듯 인공지능 분야에서는 데이터의 양이 매우 중요한

데 중국은 개인 사생활과 관련된 데이터를 다루는 데 있어 우리나라처럼 규정이 엄격하지 않아 다량의 데이터를 보유할 수 있었고 결국 인공지능 분야의 발전을 가져오게 되었죠. 두 번째 원인은 국가 차원의 대규모 투자와 육성이에요. 정부의 지원 덕분에 높은 기술력을 가진 기업들이 나오게 되었거든요. 예를 하나 들면, 중국에 센스타임Sense Time이라는 회사가 있어요. 안면인식 분야에서 선두를 달리는 기업이죠. 한 범죄자가 콘서트장에 갔다 CCTV에 얼굴이 찍히는 바람에 검거되었는데요. 콘서트장에서 움직이고 춤추며 땀 흘리는 6만 명 중 한 명의 범죄자를 적출해냈다는 것은 엄청나게 발전한 센스타임의 기술 덕분이며, 이렇게 기술이 발전한 것은 적극적인 정부의 투자가 있었기 때문이죠.

최근 안면인식 기술은 스마트폰 잠금 해제나 모바일 뱅킹, 피부 나이 측정, 출입국 심사 등에 사용되며 우리 생활과 가까워지고 있어요. 세계적인 기업들이 이런 변화에 맞춰 기술 확보를 위해 인수합병 경쟁을 벌이고 있고요. 우리나라 역시 안면인식을 비롯한 인공지능 기술 개발 및 상용화를 위해 노력 중인데요. 아직은 많이 부족하죠. 세계를 선도하는 기술력을 갖기 위해선 정부의 정책 변화와 대기업, 신생 창업기업,

벤처기업에 대한 투자가 반드시 필요해요. 당장 성과가 나오지 않더라도 장기적인 안목으로 바라보며 기술과 인력에 투자하려는 노력이 앞으로의 미래를 준비하는 우리의 과제라고 생각해요.

편 수요는 많은가요?

이 네. 수요는 정말 많아요. 삼성전자나 SK텔레콤, 카카오, LG전자 등 일부 선진 기업 몇 곳을 제외하면 인공지능전문가가 거의 없기 때문에 양적으로나 질적으로 매우 부족한 실정이죠. 국내 인공지능전문가 중 석박사급 인재의 경우 2022년경에는 약 7천2백여 명이 부족할 것이라는 전망도 나오고 있고요. 제 경우 프로젝트를 한 건 마치고 나면 해당 기업의 임원들은 저희가 가고난 후의 일이 걱정이라고들 해요. 유지 보수와 업데이트를 담당할 인재가 없다고요. 이와 같은 현상은 비단 우리만의 문제는 아니에요. 전 세계적으로 인공지능전문가 부족 현상이 심화되고 있죠. 당장의 수요도 많지만, 4차 산업혁명을 견인하는 핵심이자 미래의 성장 동력으로 기대되는 만큼 그 수요는 더 커질 것이라 예상하고 있어요.

편 매력과 장점은 무엇인가요?

이 사람들은 여전히 인공지능을 신비해해요. 낯선 분야에 대한 환상이 있죠. 누군가를 만나 인공지능이 수행해낼 능력에 대해 얘기하다 보면 그게 정말 가능한 것인지 꼭 물어보더라고요. 대부분의 사람이 신기해하며 제 얘기에 흥미와 관심을 보이고요. 제 일이 많은 사람들의 호기심을 자극한다는 사실, 그 자체가 제겐 큰 매력이에요. 두 번째 매력은 인공지능 기술의 적용 범위가 거의 무한대라 저희가 하는 일이 미래의 다양한 산업을 견인하는 돌파구가 된다는 점이에요. 그 영역을 명확하게 규정하는 것이 불가능할 정도로 인공지능은 거의 모든 분야에서 직면하는 다양한 문제를 해결하기 위해 활용될 수 있거든요. 산업분야뿐만 아니라 매우 까다로운 사회문제를 푸는 열쇠가 될 수도 있겠고요. 예를 들어 맞벌이를 하느라 바쁜 부모 밑에서 태어난 아이, 지속적인 보살핌이 필요한 암 환자, 행동장애를 안고 태어난 어린이를 위해 인공지능이 도움을 줄 수 있죠. 누군가를 더욱 편리하고 안락한 공간으로 이끌어주는 일이란 사실이 이 일의 큰 매력이자 자부심의 원천이에요.

단점에 대해 알려주세요.

편 단점에 대해 알려주세요.

이 일하면서 특별히 힘들거나 어려운 점은 없지만 단점이라고 한다면, 인공지능 분야에서는 하룻밤 새에도 새로운 이슈가 계속 쏟아져 나온다는 거예요. 인공지능 기술이 얼마나 활발하게 연구되고 개발되고 있는지 알 수 있는 지표가 되는 반면 이 일을 하는 사람 입장에서는 이게 단점이 될 수도 있죠. 끊임없이 새로운 정보와 지식을 갱신해나가야 하니까요. 제가 아는 분 중에 우리나라 굴지의 대학 공대에서 인공지능 분야의 강의를 하는 분이 있어요. 이 교수님도 너무 빨리 진보되는 분야에 몸담고 있다 보니 매번 어떻게 따라잡아야 하는지가 고민거리라고 해요. 답은 꾸준한 공부를 통한 자기개발밖에 없겠죠?

편 미래에도 필요한 직업인가요?

이 우리는 앞으로 세상이 어떻게 변해나갈지 알 수 없죠. 저 역시 어떤 미래가 우리 앞에 펼쳐질지 모르지만 분명한 사실은 앞으로 다가올 날에는 인공지능이 매우 중요한 트렌드일 거라는 거예요. 인공지능은 적용 범위가 무궁무진해서 교통이나 공공안전, 제조, 의료, 금융, 보험, 주식투자, 교육, 사무행정, 경영, 법률 등으로 더욱 확산될 것이기 때문이에요. 인공지능전문가야말로 경제와 사회 전반의 혁신을 견인하며 우리 미래의 모습을 디자인할 아주 중요한 요소라는 거죠.

그런 미래를 그리다 보면 우리나라에서도 세계의 흐름을 주도할 수 있는 인재들이 많이 나와줬으면 하는 바람이 생겨요. 역량 있는 인재를 얼마나 확보하느냐에 미래의 국가경쟁력이 달려 있으니까요. 정부에서도 이러한 현실을 인식하고 다양한 지원을 하기 시작했어요. 과학기술정보통신부는 절대적으로 부족한 인공지능 분야 선도연구자를 집중 양성하고 미래의 국가경쟁력을 근본적으로 강화하기 위해 인공지능 R&D 전략을 수립해 인공지능 대학원 신설을 제시하고, 관련 예산을 확보하는 등 노력을 기울이고 있죠. 이러한 전략을 수립하는 데 있어 유념해야 할 것이 하나 있어요. 인공지능전문가는 단기간에 만들어지지 않는다는 것이죠. 앞서 인공지능의 선구자 몇 분을 소개했는데 그분들이 40여 년간 연구에 전념해 인공지능 기술의 꽃을 피울 수 있었던 것은 수십 년간 이어진 암흑기를 걸어온 개인적인 인내와 노력, 그리고 이를 기다리며 장기적인 지원을 아끼지 않았던 국가와 기업 덕분이라는 것을 잊지 말아야 해요.

4 인공지능전문가가 준비해야 하는 미래

AI
SPEAKER
×
SMART
HOME

AI
SPEAKER
×
SMART
HOME

편 4차 산업혁명은 어떻게 시작됐나요?

이 4차 산업혁명이란 정보통신기술의 융합으로 이뤄지는 차세대 산업혁명으로, 오프라인의 물리적 세계와 온라인의 디지털 세계가 융합되는 것에서 시작되었어요. 온 오프라인의 융합을 쉽게 설명하면 이런 거예요. 카카오모빌리티는 생활 속 이동을 더욱 편리하게 만들어주는 플랫폼을 제공하는 기업인데요. 소유한 차 한 대 없이 온라인 플랫폼 하나만으로 차량 공유 사업을 하고 있죠. 이러한 착상은 과거엔 불가능한 개념이었지만 온라인의 플랫폼과 오프라인의 개인 차량이 융합해 새로운 사업 모델을 만들어냈어요. 이와 같은 온 오프라인의 융합이 4차 산업의 핵심이자 기원이에요.

또 다른 예를 하나 더 들자면, 우리나라의 제조업 시장에서 최근 관심을 보이는 분야가 하나 있는데요. 생산과정에 디지털 자동화 솔루션이 결합된 정보통신기술을 적용하여 생산성과 품질, 고객만족도를 향상시키는 지능형 생산공장인 스마트 팩토리Smart Factory가 바로 그것이죠. 스마트 팩토리의 구현을 위해 필요한 것이 디지털 트윈Digital Twin이라는 기술이고요. 디지털 트윈은 컴퓨터 속 가상 세계에 현실 세계의 기계나 장비, 사물 등을 구현하는 것을 말해요. 제조업 분야에서는 디지털 트윈을 활용해 현실에 있는 공장을 가상 세계에 재현해냄으로써 실제 제품을 만들기 전 모의시험을 통해 발생 가능한 문제점을 파악하고 이를 해결할 수 있어요. 장비나 시스템의 상태를 모니터링하며 유지 보수 시점을 파악해 개선할 수도 있으며, 가동 중 발생 가능한 다양한 상황을 예측해 안전을 검증하거나 사고 위험을 줄일 수도 있죠. 이와 같은 스마트 팩토리나 카카오모빌리티의 차량 공유사업처럼 온 오프라인의 융합이 가능해지면서 자연스럽게 4차 산업혁명이 일어난 것으로 보고 있어요. 물리 세계는 가상 세계를 통해서 변화하고, 가상 세계는 물리 세계를 통해 변화하며 발전해나가고 있는 거죠.

4차 산업혁명 시대를 이끌어갈 첨단기술에는 어떤 것이 있을까요?

편 4차 산업혁명 시대를 이끌어갈 첨단기술에는 어떤 것이 있을까요?

이 온라인을 오프라인으로, 오프라인을 온라인으로 융합하고 변환하는 기술들이 4차 산업혁명 시대를 이끌어 가리라 생각해요. 온라인에서 오프라인으로 가는 기술로는 3D프린터, 가상현실, 증강현실, 블록체인Block Chain, 핀테크Fintech, 플랫폼Platform, 공유경제Sharing Economy, 서비스 디자인 등이 있겠고요. 반대로 오프라인에서 온라인으로 가는 것과 관련된 기술로는 클라우드 컴퓨팅Cloud Computing, 사물인터넷IoT, GPS, SNS 등이 있죠. 이 중 몇 가지를 소개해드릴게요.

블록체인은 누구나 열람할 수 있는 장부에 거래 내역을 투명하게 기록하고, 여러 대의 컴퓨터에 이를 복제해 저장하는 분산형 데이터 저장기술이에요. 이러한 블록체인 기술은 가상화폐로 거래할 때 발생할 수 있는 해킹을 막을 수 있어요. 가상화폐 거래뿐만 아니라 디지털 인증, 화물 추적 시스템, P2P 대출, 원산지와 유통 과정 추적, 예술품의 진품 감정, 위조화

폐 방지, 전자 투표, 전자 시민권 발급, 차량 공유, 병원 간 공유 등 신뢰성이 요구되는 분야에 널리 활용 가능하기 때문에 발전 가능성이 높은 분야죠.

핀테크란 기술을 이용하여 금융 서비스를 창출하거나 기존의 서비스를 재검토하여 변화시키고자 하는 움직임 또는 금융과 기술이 결합한 서비스를 뜻해요. 전 세계적으로 IT와 금융을 융합하는 경향이 확산되고 있으며 국경 간 상거래가 급증하고 온라인과 모바일을 통한 금융거래도 늘고 있죠. 이러한 흐름은 앞으로도 계속되어 국내 소비자와 산업의 거래 습관과 환경을 변화시킬 것이라 생각해요.

클라우드 컴퓨팅이란 인터넷상의 서버를 통하여 데이터 저장, 네트워크, 콘텐츠 사용 등 IT 관련 서비스를 한 번에 사용할 수 있는 컴퓨팅 환경을 말해요. 클라우드 컴퓨팅을 도입하면 기업이나 개인은 컴퓨터 시스템을 유지, 보수, 관리하기 위해 들어가는 비용과 서버의 구매 및 설치비용, 업데이트 비용, 소프트웨어 구매 비용 등 엄청난 비용과 시간, 인력을 줄일 수 있게 되죠. 이용 편리성이 높고 산업적 파급효과가 크기 때문에 차세대 인터넷 서비스로 주목받고 있어요.

마지막으로 한 가지 더 소개하자면, 사물인터넷은 사물에 센서를 부착해 인터넷을 통해 실시간으로 데이터를 주고받는 기술이나 환경을 말해요. 지금도 인터넷에 연결된 사물은 주변에서 적잖게 볼 수 있죠. 하지만 앞으로 사물인터넷이 여는 세상은 이와는 달라질 거예요. 지금까진 인터넷에 연결된 기기들이 정보를 주고받으려면 인간의 조작이 개입돼야 했지만 앞으로는 인터넷에 연결된 기기는 사람의 도움 없이도 서로 알아서 정보를 주고받으며 대화를 나눌 수 있게 되죠.

인간은 태어난 후, 청년기와 장년기, 노년기를 거쳐 가요.

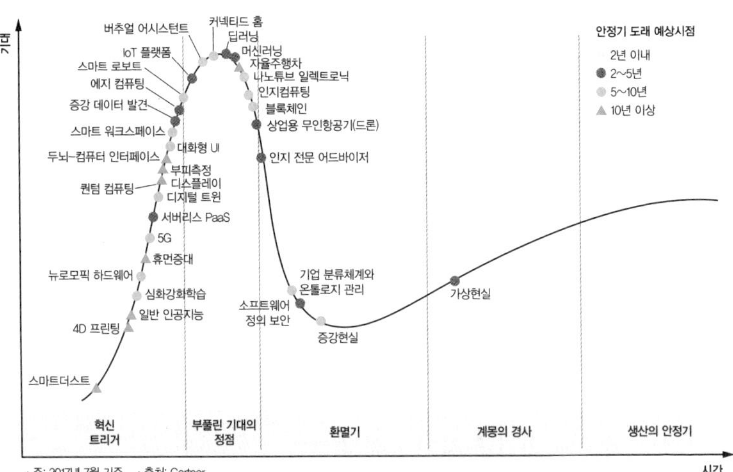

신기술의 관심 주기 Hype Cycle for Emerging Technologies

새로운 기술 역시 인식, 정점, 환멸, 안정화 단계로 관심의 단계가 변해가죠. 신기술 관심 주기는 현재 머신러닝과 딥러닝에 대한 관심이 정점을 찍고 있으며, 이들 기술은 향후 2~5년 내에 안정화될 것으로 전망하고 있어요.

이러한 첨단 기술을 엔진 삼아 우리 기업과 국가의 기술 경쟁력이 더욱 강화되었으면 해요. 그러려면 미래의 주인공인 여러분의 관심과 정부의 적극적인 지원과 노력이 필요하겠죠?

인공지능은 더욱 다양한 분야로 확산될 것 같아요.

편 인공지능은 더욱 다양한 분야로 확산될 것 같아요.

이 그럴 거라 생각해요. 지금은 확산이 되는 태동기 정도로 봐야 할 거고요. 맥킨지는 2018년 발표한 보고서를 통해 2030년까지 기업의 70% 정도는 최소 한 가지 형태의 인공지능 기술을 도입할 것이며, 대기업의 경우 상당수가 다양한 인공지능 기술을 활용하게 될 것이라는 분석을 내놓았죠. 인공지능은 특정 산업만을 위한 것이 아니라 전방위로 적용이 가능한 기술이기 때문에 저 역시 맥킨지의 전망에 동의해요. 여러분이 만약 새로운 인공지능 기술을 개발한다면 어디에 어떻게 적용하고 싶은가요? 당장은 실현 가능성이 낮더라도 우리 사회의 다양한 산업을 이해한 후 어떤 분야에 활용하면 좋을지 고민해보면 좋겠어요.

인공지능전문가의 인기는 더욱 높아질 것 같아요.

편 인공지능전문가의 인기는 더욱 높아질 것 같아요.

이 4차 산업혁명 시대의 도래로 인해 우리의 직업에도 급격한 변화가 올 것이라고 하는데요. 예상되는 가장 큰 변화라고 하면 인공지능이 인간의 노동력을 대신하면서 없어지는 직업이 많을 거라는 것이죠. 2016년 세계경제포럼에서 발간한 〈4차 산업혁명이 일자리에 미치는 영향에 대한 미래 고용 보고서〉에 따르면 로봇과 인공지능 기술의 확산으로 향후 5년간 710만 개의 일자리가 사라질 거라고 하네요. 사라지는 일자리의 대부분은 생산직과 사무직, 관리 직종이며, 건축이나 엔지니어링, 컴퓨터, 수학 관련 분야의 일자리는 상대적으로 늘어날 것으로 예측했고요. 이러한 전망 등을 볼 때 기존의 단순 업무는 기계로 대체되고, 첨단 기술과 관련된 직종은 4차 산업혁명을 주도하며 혁신적인 세상을 만들어 나갈 것이라 생각해요.

기계가 인간을 넘어설 것이라 예상하고 있는데요. 이러한 생각은 현실 가능한 것인가요?

편 기계가 인간을 넘어설 것이라 예상하고 있는데요. 이러한 생각은 현실 가능한 것인가요?

이 많은 사람들이 기계가 과연 인간을 넘어설 것인가에 대해 고민하고 있어요. 인공지능이 비약적으로 발전해 인간의 지능을 뛰어넘는 기점을 특이점Singularity이라고 하죠. 알파고를 개발한 구글의 기술 부문 이사인 레이 커즈와일Ray Kurzweil은 2005년 저서 『특이점이 온다』에서 2045년이면 인공지능이 모든 인간의 지능을 합친 것보다 강력할 것이라 예측하면서 인공지능에 대한 우려를 나타냈어요. 즉 2045년이 되면 인공지능이 만들어낸 연구 결과를 인간이 이해하지 못하게 되며, 이는 인간이 인공지능을 통제할 수 없을 수도 있다는 뜻이 되죠. 커즈와일처럼 곧 특이점이 올 것이라고 예측하는 사람들이 많지만 저는 그 시기가 그렇게 금방 오지는 않을 거라 생각해요. 현재 인공지능의 수준이 그런 우려를 시급하게 논할 정도는 아니라는 거죠.

물론 특정 문제에 대해 사고의 범위가 주어진 분야에 한해서는 기계가 인간을 능가할 수 있다고 생각해요. 예를 들어 바둑이나 체스 같은 것들 말이에요. 그렇지만 반대로 문제가 어떤 사고의 범위에 속하지 않는 경우라면 기계가 인간을 쉽게 넘어설 수는 없다고 봐요. 다시 말해 유한한 사고 범위에 대한 해결 능력을 가진 기계가 현실에서 일어날 수 있는 모든 문제를 해결해나가며 인간을 능가할 수는 없다는 거죠. 이것을 학계에서는 프레임 문제Frame Problem라고 하는데, 대표적인 예시가 하나 있어 소개해드릴게요.

동굴 안에 배터리가 있는데 그 위에는 시한폭탄이 설치되어 있어요. 인공지능 로봇에게 동굴 안의 배터리를 가져오라고 지시할 경우, 로봇은 배터리를 꺼내올 수 있는 능력이 있기 때문에 지시대로 배터리를 꺼내오지만 배터리 위 시한폭탄까지 함께 가져와서 폭발해버리죠. 동굴 안의 배터리를 가져온다는 목적에 대해서는 이해하고 있지만 부차적으로 발생하는 상황에 대해선 이해하지 못하기 때문에 이런 상황이 발생하게 되었어요. 그래서 이번엔 목적을 수행하는 도중에 부차적으로 발생하는 사항도 고려하는 두 번째 로봇을 만들어 다시 동굴 안으로 보냈죠. 이 로봇은 동굴 안에서 배터리 위의 시한폭탄을 보고 어떻게 처리할까 고민하다 결국 시한폭탄과 함께 폭발하고 말았어요. 배터리를 움직일 경우 시한폭탄이 폭발할 것인가, 배터리를 움직이기 전에 시한폭탄을 먼저 이동시켜야 하는가, 시한폭탄을 움직이려고 할 경우 천장이 무너져 내리진 않는가 하는 등의 수많은 고민을 하다가 결국 시간에 쫓겨 폭발해버린 것이죠. 목적과 관계없는 사항은 고려하지 않도록 개량한 세 번째 로봇을 만들었지만 이 로봇은 동굴에 들어가기 전에 동작을 멈춰버렸어요. 목적과 관계없는 사항이란 것도 경우에 따라 수없이 많기 때문에 이를 모두 밝혀내기 위해 검토를 계속하다 멈춘 거죠.

결국 우리가 문제라고 하는 영역 안에서 고려해야 할 대상이 제한적이지 않다면 문제를 해결하기가 어렵다는 뜻이에요. 무한대의 상황을 모두 고려하려면 무한대의 시간이 필요하니까요. 미리 프레임을 여러 개 정해놓고 상황에 따라 적절한 프레임을 선택해 사용하는 로봇을 만들면 해결이 가능하다고 생각할지도 모르겠어요. 하지만 현재의 상황에 어느 프레임을 적용해야 할 것인가 판단하는 데에도 무한대의 경우를 고려할 수밖에 없고 결국 무한한 시간이 걸리게 되겠죠. 기계가 인간을 능가하는 것이 쉽지는 않다는 것을 보여주는 예였어요.

인공지능이 인공지능을 만드는 날이 올까요?

편 인공지능이 인공지능을 만드는 날이 올까요?

이 2016년에 이세돌 9단과 대국을 벌였던 인공지능은 알파고 리예요. 알파고 리 다음으로 알파고 마스터와 알파고 제로가 나왔고요. 이들은 사람과 대국을 벌이는 것이 아니라 인공지능끼리 바둑을 둬요. 물론 처음엔 사람이 둔 기보를 바탕으로 학습을 했고 사람과 대결을 벌이기도 했지만 지금은 알파고끼리 대국을 하며 서로의 수준을 올려가고 있죠. 이런 관점에서 보자면 인공지능이 인공지능을 만드는 시대는 이미 왔다고 볼 수 있어요. 하지만 그 영역이 매우 제한적이죠. 바둑과 체스와 같은 특정한 분야에 한해서만 기계와 기계가 주어진 규칙하에 유기적으로 학습하며 인공지능이 다른 지능을 만들어내는 것이 가능하니까요.

인공지능이 인공지능을 만들어내려면 앞서 얘기한 프레임 문제와 더불어 심벌 그라운딩 문제Symbol Grounding Problem를 해결해야 하는데 그것 또한 쉽지 않아요. 심벌 그라운딩 문제란 심벌과 그 심벌에 연결된 의미를 결부시키지 못해 발생하는 문제를 말해요. 쉽게 얘기해 인공지능은 얼룩말을 보고 사람처럼 얼룩이 있는 말로 이해하는 것이 아니라 얼룩말 그 자체로만 이해한다는 거예요. 아직까지의 인공지능은 말에 얼룩이 있어 얼룩말이라는 개념을 이해하지 못하거든요. 인공지능의 학습이 인간과 같이 신체나 물체에서 나름의 개념을 착안해 이루어지지 않기 때문이에요. 어려서부터 무언가를 보고 만지고 느끼면서 학습을 했던 우리에겐 일견 쉬워 보이는 개념이지만 다른 방식으로 학습이 이루어지는 인공지능에겐 개념을 연결시키는 것이 너무나 어려운 일이죠. 이 문제를 정의할 수 있어야 다음 단계로 나아가는데 아직까지 해결이 되지 않았으니 인공지능이 인공지능을 만드는 날이 금방 오지는 않을 거라 생각해요.

편 인공지능 시대를 어떻게 맞이해야 할까요?

이 4차 산업혁명은 인공지능전문가들만이 아니라 인류 전체에 영향을 미칠 수밖에 없으니 우리 모두에게 중요해요. 혁명은 천천히 흐르면서 바뀌는 것이 아니라 이전의 방식을 단번에 깨뜨리고 새로운 것으로 급격하게 바뀌는 것이잖아요. 급격한 변화에 대비해 생각해볼 문제가 두 가지 있는데요. 가장 중요하게 다뤄야 할 문제는 진보한 기술을 인류 모두가 보편적으로 누릴 수 있도록 고려해야 한다는 것이에요. 일부 대기업이나 특정 계층 사람들 또는 젊은 사람들만이 아니라 누구나가 새로운 기술에 쉽게 다가갈 수 있도록 고민해야 한다는 것이죠.

두 번째는 인공지능전문가들이 인공지능을 만드는 데 있어 인종이나 성, 사회적인 위치 등에 따라 차별이 있지 않도록 데이터를 더 섬세하게 다뤄야 한다는 것이에요. 어떤 결과를 도출해내는데 백인인지 흑인인지가 또는 그들의 문화가 영향을 미치지 않도록 차별이나 편견 없는 인공지능을 만들어내야 한다는 거죠. 덧붙여 정부에서는 비도덕적이고 무분별한 인공지능의 사용을 규제하기 위해 인공지능과 관련된 법을 만들어야 할 필요가 있어요. 인류의 복지와 행복을 위해 만든 기술이라고 해도 악용되면 인간을 불행하게 만들 수 있으니 미리 대비해야겠죠.

4차 산업혁명 시대에 부합하는 인재의 조건은 뭐라고 생각하세요?

편 4차 산업혁명 시대에 부합하는 인재의 조건은 뭐라고 생각하세요?

이 예전에는 노하우나 지식, 기술을 중시했지만 이제 그런 것들은 검색만 하면 누구나 알 수 있게 되었죠. 그런 흐름에 따라 정보 그 자체보다는 정보가 어디에 있는지 잘 아는 것이 더 중요한 사회가 되어가고 있어요. 그러한 관점에서 미래 시대의 인재라 하면 우선 다양한 지식이나 기술 분야에 거리낌 없이 다가갈 수 있으며, 그걸 융합해 새로운 것을 창조해내는 사람이 아닐까 싶어요. 두 번째는 문제를 해결하겠다는 의지와 도전정신이 갖춰진 사람이고요. 제가 K대에서 강의를 한 적이 있었는데, 그때 학생들에게 졸업 이후 어떤 직업을 원하는지 수요 조사를 했어요. 전공 특성을 고려할 때 내심 도전을 두려워하지 않는 분야의 일이 나오기를 기대했는데 결과는 그렇지 않더라고요. 고위 공무원이나 금융감독원 직원, 한국은행 직원, 변호사와 같은 높은 연봉의 안정적인 직업이 거의 대부분이라 안타깝다는 생각이 들었죠. 물론 이런 직업들을 원

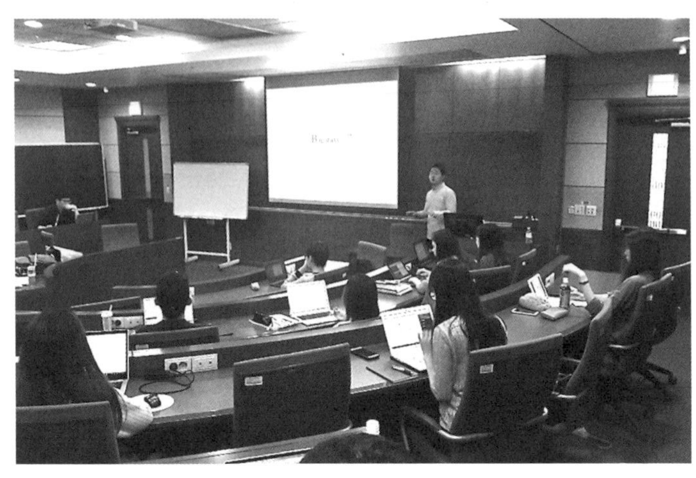

하는 게 잘못은 아니지만 그래도 그중 몇몇은 기술과 아이디어로 세계를 변화시키고 싶다는 도전 정신을 가진 사람이었으면 했거든요. 안정된 인생에 안주하는 삶은 더 넓고 더 빠르게 변화할 혁명의 시대를 이끌어가기가 쉽지 않잖아요. 우리 사회에 산적해있는 많은 문제를 해결하려는 의지와 비록 어려운 길이라 해도 꿈을 가지고 도전하는 용기를 갖춘 사람이 4차 산업혁명 시대를 주도해나갈 인재라고 생각해요.

편 인공지능 분야에 관심 있는 학생들은 많이 없던가요?

이 학생들이 인공지능 분야의 공부를 많이 하긴 해요. 실제로 관련 수업이 개설되면 몇 분 만에 모두 마감이 되죠. 그런데 일부에서는 공부의 목적이 순수한 학문의 탐구가 아니라 스펙의 일종이 되고 있어요. 예를 들어 한 기업에서 어떤 프로그램에 능한 사람을 우대한다고 하면 입사만을 위해 공부를 하는 거죠. 이 분야를 연구해 새로운 도약을 꿈꾸거나 신생 창업기업을 하겠다고 공부하는 건 아니라는 건데요. 연봉이 높고 안정적이며 높은 사회적 위치를 가질 수 있는 직업을 꿈꾸며 스펙 쌓기에만 몰두한 지금의 현실이 좀 서글퍼지네요.

5

인공지능전문가의 세계

AI SPEAKER × SMART HOME

AI SPEAKER × SMART HOME

일하는 곳은 어디인가요?

편 일하는 곳은 어디인가요?

이 저희는 주로 문제 해결을 의뢰한 고객의 회사에서 일해요. 공급자가 이용자의 회사에서 서비스를 제공하는 방식을 온 사이트 프로젝트On-site Project라고 하는데요. 저희도 보안 문제 때문에 직접 고객의 회사에서 온 사이트로 일하고 있어요. 예전에는 데이터 공유가 용이해서 본사에서 일하기도 했지만 요즘에는 워낙 보안이 철저해서 그때처럼 할 수가 없거든요. 프로젝트라는 이름으로 일할 때는 그런 식으로 하고, 아닌 경우에는 R&D 차원에서 회사 내에 상주하며 자체 솔루션을 개발하는 경우도 있어요. 프로젝트를 준비하는 이외 시간에는 사내에서 관련 자료를 보고 분석하거나 다음 프로젝트에 필요한 준비를 해요.

편 일과는 어떻게 되나요?

이 일반적으로 경력이 적은 분들의 경우 프로젝트 하나가 시작되면 일과가 굉장히 단순해져요. 온종일 자신이 맡은 프로젝트만 계속해서 하거든요. 작업을 하면서 동시에 프로젝트에 필요한 논문 등 관련 자료를 찾아보고, 다른 사람이 짰던 프로그램도 들여다보는 거죠. 그렇게 짧게는 서너 달에서 길게는 일 년까지 비슷한 패턴으로 보내게 돼요. 그러다 경력이 좀 쌓인 분들은 고객에게 보여주며 설명할 자료를 만드는데, 일반인들이 이해하기 쉽도록 정리하고 도식화해가며 작업하고 있죠.

제 개인적인 일과를 보면, 좀 일찍 출근하는 편이라 7시 반 정도에 회사에 도착해요. 일주일에 두세 번 정도는 전략회의로 하루를 시작하고, 회의가 없는 날은 그 시간에 개인적으로 관심 있는 분야의 서적을 읽죠. 그 후에는 고객 미팅이 잡혀있는 경우 미팅을 하는데요. 고객 미팅은 평균적으로 하루에 1.5회 정도 잡혀있어요. 많은 날은 하루에 3건이 잡혀있는 날도 있죠. 계속해서 얘기하고 토론하기 때문에 그런 날은 지치고 힘들어요. 미팅이 모두 끝나면 사내 R&D 시간을 갖는데,

다른 사람의 발표를 들으며 코멘트를 하는 게 제 역할이죠. 진행 중인 여러 개의 프로젝트 중에는 잘 되는 것도 있지만 그렇지 않은 것도 있을 거 아니에요. 문제가 있는 경우 원인을 파악해서 조언이나 코칭을 하고 나면 하루가 거의 다 지나가죠. 그래도 좀 남는 시간이 있으면 관심 있는 분야의 정보를 더 찾아보다가 마무리를 하고 저녁 8시에서 9시 정도에 퇴근해요.

편 회사에서 꽤 오랜 시간을 보내시네요. 다른 직원들도 그런 가요?

이 아니요. 정해진 시간이 되면 바로 퇴근하는 직원도 물론 있죠. 주 52시간 근무제가 도입되었기 때문에 강제로 더 있게 할 수는 없어요. 저 같은 경우 할 일이 있거나 봐야 할 자료가 많아서 좀 오래 있는 편이고요. 누군가 부탁을 하는 경우가 종종 있는데, 그러면 하나라도 더 알려주고 싶어서 자료를 찾게 되고, 그러다 보니 늘 조금씩 늦어지고 있죠. 그렇지만 일주일에 하루 정도는 열심히 쉬고 있어요.^^

시간이 날 때는 어떤 일을 하나요?

편 시간이 날 때는 어떤 일을 하나요?

이 아무래도 체력이 중요하니 일주일에 2회는 무슨 일이 있어도 운동을 하고 있어요. 건강 때문에 하고는 있지만 땀이 날 정도로 운동을 하고 나면 기분도 좋아지더라고요. 가끔은 등산을 하거나 영화를 보러 가기도 하고, 좀 더 긴 시간의 여유가

생기면 여행을 가요. 제가 좋아하는 게 세 가지 있는데요. 바로 서예와 드럼, 중국어예요. 서예는 한 5년 정도 했어요. 드럼과 중국어는 1년 정도 배웠고요. 아쉽게도 지금은 바빠서 서예나 드럼에 할애할 시간이 없지만 가끔 머리를 식히기 위해 중국어를 공부하고 있어요. 중국어는 서예를 하거나 드럼을 치는 것에 비해 짧은 시간 동안에도 할 수 있거든요. 주변 사람들은 머리를 식히기 위해 공부를 한다니까 이상하게 생각하는데요. 저는 한자를 읽고 쓰고 외우는 것이 정말 재미있어서 하고 있으면 마음이 정화되는 느낌이 들어요. 세 가지 모두 저를 즐겁게 해주는 것들이라 시간이 되는 한 계속 즐기고 싶어요.

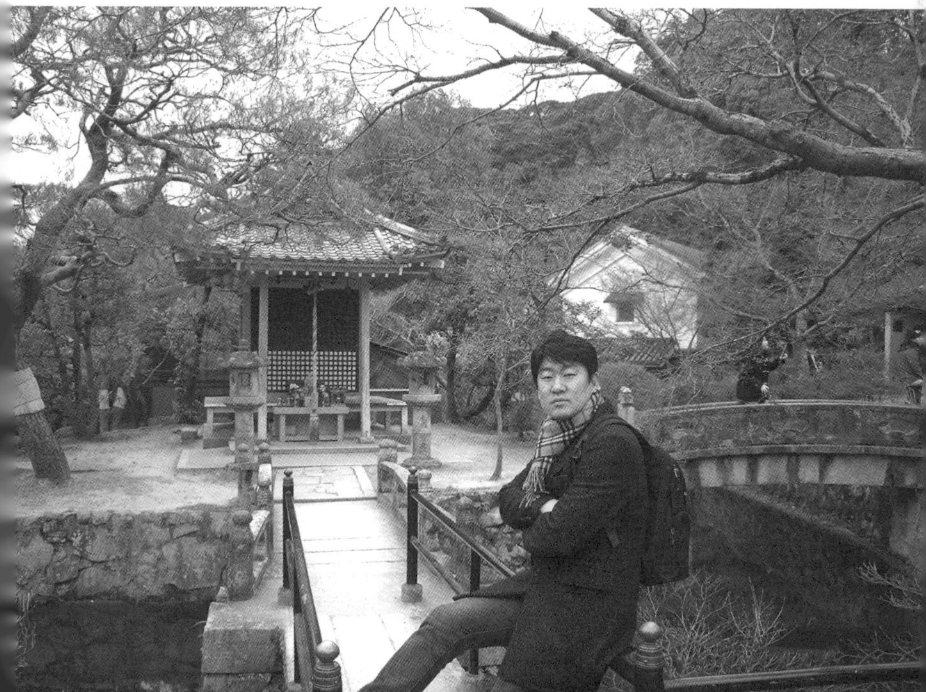

가장 기억에 남는 순간은 언제였나요?

편 가장 기억에 남는 순간은 언제였나요?

이 얼마 전 우연히 사람들의 카카오톡 프로필을 봤는데 어떤 사람의 프로필이 눈에 들어왔어요. "Everybody has his own battle."이라고 적혀 있었죠. 모든 사람은 각자 자신만의 전투를 하고 있다는 건데요. 그 짧은 문구에 공감이 되더라고요. 사람은 누구나 각자의 인생에서 자신만이 떠안은 문제를 해결하기 위해 고군분투하잖아요. 저 역시 그때그때 주어진 프로젝트를 완성해나가기 위해 치열하게 고민하고 애쓰고 있는데요. 지금 뛰고 있는 전투에 충실하려고 노력하다 보니 항상 현재 맡고 있는 프로젝트가 제겐 가장 중요하고 큰 의미를 갖게 되죠. 지금 하고 있는 대부분의 일은 전 세계 혹은 국내 최초로 시도되는 인공지능 관련 프로젝트라 특히 더 애착이 가요.

간략히 소개하자면, 국내 철강산업 전문 업체의 공장에 있는 수백만 건의 데이터를 인공지능 기술을 이용해 디지털 트윈에 적용할 수 있도록 전환하는 작업이죠. 앞서 얘기했듯이 디지털 트윈을 도입하게 되면 설비관리를 최적화하고 생산성을 늘리며 안전사고를 최소화할 수 있기 때문에 제조업 분야의 모든 과정에 효율을 가져다주게 되죠. 각 산업분야에서 선도적으로 시도되는 프로젝트에 몸담고 있는 지금 이 순간이 가장 뜻깊고 기억에 남는 순간이에요.

일을 잘 수행하기 위해 따로 노력하고 있는 것이 있나요?

편 일을 잘 수행하기 위해 따로 노력하고 있는 것이 있나요?

이 누구나 살다 보면 난관을 맞게 되고 이 고비를 넘기기 위해 애쓰는데요. 어떤 문제나 모든 상황에 완벽하게 들어맞는 하나의 정답은 없기 때문에 그때마다 돌파구를 찾기 위해 고민을 하게 되죠. 인공지능 분야도 마찬가지예요. 하나의 프로젝트를 수행하기 위해서는 주어진 문제와 상황에 따라 매번

다른 답을 찾아야 하죠. 'No free lunch theorem.'이란 말이 있어요. 공짜 점심은 없다는 뜻인데, 머신러닝 분야에서는 모든 문제에 가장 적합한 하나의 알고리즘은 없다는 것을 의미해요. 다시 말하면, 특정한 문제에 적합한 알고리즘이라도 다른 문제에서는 전혀 그렇지 않을 수 있다는 거죠.

매번 다른 문제에 매번 다른 돌파구를 찾아야 하기 때문에 늘 새로운 알고리즘이나 새로운 사례들이 나오면 관심을 가지고 보고 있어요. 구글링도 많이 하고, 논문도 찾아 읽으면서 트렌드를 파악하기 위해 노력하고 있고요. 그래서 시간이 날 때마다 틈틈이 보려고 책상엔 늘 책이 펼쳐져 있죠. 책장이 잘 넘어가진 않지만요.^^

편 애로 사항이 있나요?

이 이 일을 하는데 어려운 점은 특별히 없어요. 크게 힘든 건 아니지만 한 가지 얘기하자면, 많은 사람들이 인공지능을 요술 방망이처럼 생각한다는 것 정도요? 일반인들이 보기에는 인공지능전문가라면 고객들이 요구하는 것은 무엇이든 만들어내고, 또 그 기술이 뭐든 해결해줄 것 같은가 봐요. 실제론 그렇지 않은데 말이에요. 그런 기대를 갖는다는 게 저희 입장에서는 굉장히 부담스러운 일이라 미팅을 통해 정확하게 의견을 나누면서 소통하고 있어요. 고객의 기대치나 환상에 근접하기 위해 노력은 하지만, 기술의 수준과 주어진 문제가 잘 맞아야 하는데 모든 것이 말처럼 쉽게 이뤄지는 것은 아니니까요. 그런 점이 애로사항이라면 애로사항이겠네요.

스트레스는 어떻게 해소하나요?

편 스트레스는 어떻게 해소하나요?

이 제가 스트레스를 거의 받지 않는 성격이에요. 좀 힘든 일이 생겨도 시간이 지나면 좋은 일도 생기겠지 하고 넘어가는 편이거든요. 스트레스로 인한 걱정은 없고, 일을 많이 하다 보면 가끔 좀 피곤한데 그런 경우 20~30분 정도 잠깐 의자를 젖히고 잠을 자요. 잠깐인데도 피곤할 때 쉬어줘서 그런지 일어나면 몸이 어느 정도 회복되어 있더라고요.

성취감을 느끼는 순간이 있나요?

편 성취감을 느끼는 순간이 있나요?

이 굉장히 뿌듯하거나 한껏 고양되는 등 거창하게 성취감을 느끼는 것은 아니고요. 고객이 가져온 문제를 해결하고 풀어냈을 때마다 기쁜 마음을 느끼는 정도예요. 프로젝트를 무사히 끝내고 고객들이 좋아해 주면 그때 역시 기분이 좋아지고요. 그런 게 소소한 성취감이겠죠?

인공지능전문가가 되는 방법

AI SPEAKER × SMART HOME

AI SPEAKER × SMART HOME

인공지능전문가가 되기 위한 일반적인 방법을 알려주세요.

편 인공지능전문가가 되기 위한 일반적인 방법을 알려주세요.

이 코스가 정형화되어 있진 않지만 가장 중요하고 기본이 되는 것은 대학에서 관련 전공을 공부하는 거예요. 대학에서 학업을 마친 후 해당 분야와 관련된 업무를 하면서 여러 가지 경험을 쌓아나가는 것이 인공지능전문가가 되는 가장 일반적인 방법이겠네요. 그런 식으로 적어도 5~10년 정도 이 일을 해온 사람들을 전문가라 칭할 수 있을 것 같아요.

편 독학으로도 가능한가요?

이 요즘은 온라인 강좌를 듣는 사람이 많더라고요. 코세라Coursera와 같은 온라인 공개강의를 이용하거나 MIT에서 개설한 강좌를 듣는 분들을 종종 볼 수 있죠. 그 밖에도 수많은 온라인 강좌가 있고 서점에 가면 관련 서적도 굉장히 많아요. 그런 것을 활용한다면 독학도 불가능하진 않겠죠. 그렇지만 그런 경우는 아주 극소수일 것 같아요. 제가 사원 채용을 위해 종종 인터뷰를 하는데, 인터뷰이interviewee 중에도 비전공자지만 이 분야에 관심이 많아 독학을 했다는 분이 몇 분 있었어요. 하지만 최종 면접까지 합격해 같이 일하게 된 경우는 없었거든요. 아무래도 기업에서는 단기간 혼자 공부한 사람보다는 오랜 시간을 들여 기본기를 다진 사람을 선호하니까요.

편 IT 전문교육 학원이 도움이 될까요?

이 최근 들어 IT 전문교육기관의 커리큘럼이 매우 다양해졌어요. 시대의 흐름에 따라 대한상공회의소나 여러 기관들에서도 빅데이터 분석 과정을 개설했죠. 짧은 기간 안에 다양한 교육 내용을 소화하기엔 학원이 도움이 될 수도 있어요. 광범위한 분야에 걸쳐 기본 개념을 정립하고 이해하는 데에는 큰 무리가 없어 보이거든요. 하지만 학원 수강만으로 실전에 투입되기에는 다소 어려움이 있을 것 같아요. 전공자들의 경우 통상 4년의 시간을 들여 공부를 하고 대부분은 또다시 석사 과정에 들어가 더 심도 있는 연구를 하거든요. 그럼 6~7년 정도 한 분야를 파고드는 건데 6개월 만에 그런 사람들을 따라잡는다는 게 쉽지는 않겠죠. 결론적으로 학원이 도움은 되겠지만 학원에 다닌 경험이 바로 취업으로 연결되기는 어려울 거라 생각해요.

편 종종 인터뷰를 한다고 하셨는데, 채용 시 어떤 부분에 중점을 두세요?

이 채용 시 인터뷰는 세 단계를 거치는데, 첫 인터뷰에서는 실무진들이 기본 스킬을 체크해요. 무엇보다도 기본기가 가장 중요하죠. 이 단계에서 지원자의 스킬이 갖춰졌다고 판단되면 두 번째 인터뷰에 들어가는데 거기서는 임원진들이 실제 맞닥뜨릴 수 있는 여러 문제상황을 제시하고 그에 따른 문제해결 능력을 중점적으로 봐요. 마지막이 대표이사 면접이고요.

편 인터뷰 전 서류심사를 할 때 학력도 중요하게 생각하나요?

이 이 분야에서 학력을 보지 않고 서류를 심사한다고 하면 거짓말일 것 같아요. 다들 조금씩이라도 고려를 하게 되죠. 무엇보다 신뢰성을 바탕으로 하는 컨설팅 업무를 해야 하기 때문에 학력을 통해 기본기를 검증하는 경우가 많아요.

편 인공지능전문가가 되기에 유리한 전공이 있나요?

이 유리한 3대 전공이 있는데요. 바로 통계학과와 산업공학과 그리고 컴퓨터사이언스학과죠. 통계학과는 많이들 알고 있는 대로 집단 현상을 수량적으로 관찰하고 분석하는 방법을 연구하는 학문이에요. 산업공학과는 효율적인 산업 시스템의 구성요소들과 운영방법을 연구하는 학문이고요. 컴퓨터사이언스학과는 예전에 많았던 전산과와 유사한 전공이에요. 컴퓨터 전반에 걸친 기본적인 지식을 이해하고 학습하는 학문으로 데이터와 프로그래밍, 알고리즘, 인공지능, 컴퓨터 보안에 관해 연구하죠. 컴퓨터사이언스, 데이터 분석 등의 학과는 현재 인공지능 강국인 미국에서 가장 인기 있는 전공이라고 하네요.

편 꼭 관련 학과를 졸업해야 하나요?

이 이 분야에서 일하는 사람들을 보면 거의 대부분이 전공자이며 석사과정을 이수했어요. 취업에 어느 정도 진입장벽이 있기 때문에 아무래도 관련 전공은 필수처럼 보여요. 이 분야의 역사는 오랫동안 이어졌지만 실제 일반인들에게 인식되고 산업에 활용된 시기는 불과 몇 해 전이에요. 최근 다양한 산업에 인공지능이 활용되면서 이슈로 떠올랐고 더불어 학생들의 관심이 급격하게 늘어났죠. 대학에서는 그 흐름에 따라 교수진을 보강하고 새로운 커리큘럼을 만들고 있어요. 한 예로 통계학과나 산업공학과에서는 예전에 다루지 않았던 머신러닝이나 딥러닝을 최근에 와서 가르치기 시작했죠. 빅데이터나 인공지능 관련 강의도 많이 개설되었고요. 대학에 진학해 이러한 과정을 공부하고 연구하며 배움의 길을 걷는 것이 전문가가 되는 첫걸음이라고 생각해요.

편 대학교에서 배우는 프로그래밍 언어나 여타 전공과목들이 실제로 회사에서 쓰이나요?

이 그럼요. 학교에서 배웠던 것을 실무에서 많이 사용하고 있어요. 예를 들어 대학에서 학생들은 R이나 Python, TensorFlow, Keras 등을 배우고 이를 이용해 과제나 논문, 프로젝트를 수행하는데요. 이는 실제 회사에서 사용하는 프로그래밍 언어들이죠.

R

알은 오픈소스 프로그램으로 통계, 데이터마이닝 및 그래프를 위한 언어예요. 주로 연구나 산업별 응용프로그램에 많이 사용되고 있으며, 최근에는 빅데이터 분석에 이용되며 주목받고 있죠.

Python

파이썬은 간결하고 생산성 높은 프로그래밍 언어로 입문자가 이해하기 쉬워 각광받고 있어요. 다양한 분야에 활용되고 있는데 그중에서도 머신러닝과 그래픽, 웹 개발 분야에서 선호하는 언어죠.

TensorFlow

구글에서 개발한 텐서플로는 검색이나 음성 인식, 번역 등의 구글 앱에서 사용되는 머신러닝용 엔진으로 2015년에 오픈소스 소프트웨어로 전환되었어요.

Keras

케라스는 주요 고수준 신경망 API 가운데 하나로 파이썬으로 작성되었으며 사용자 친화성, 모듈형, 손쉬운 확장이라는 기본 원칙을 바탕으로 개발되었어요.

학창시절에 어떤 준비를 하면 좋을까요?

편 청소년들은 학창시절에 어떤 준비를 하면 좋을까요?

이 최근에는 공공기관이나 민간기업할 것 없이 다양한 경진대회를 주최하고 있어서 많은 학생들이 관심을 가지고 참여하고 있죠. 국내 경진대회는 물론 캐글 경진대회Kaggle Competition에 참가하는 학생도 많고요. 제가 서울시에서 주최한 빅데이터 경진대회 심사위원을 맡은 적이 있는데요. 이 대회는 머신러

닝 등을 이용해 공공정책을 어떻게 바꿔나갈지 제안하고 겨루는 자리였어요. 기존 공공정책의 맥락을 잘 이해하고 새로운 방향을 제시한 학생들이 있어 많이 놀랐죠. 주의를 기울여보면 정말 다양한 경진대회가 있다는 걸 알 수 있을 거예요. 혼자 또는 친구와 팀을 이뤄 관심 있는 대회에 출전하다 보면 좋은 경험이 되리라 생각해요. 경진대회나 정보올림피아드 입상은 일부 대학의 특기자 전형에 지원할 수 있는 자격이 되니 대학입시에도 좋은 가산점이 될 거고요.

경쟁력을 갖추려면 대학교에서 어떤 활동을 하는 게 좋을까요?

편 경쟁력을 갖추려면 대학교에서 어떤 활동을 하는 게 좋을까요?

이 대학에 들어갔다면 스타트업을 해보는 것도 좋겠어요. 오늘도 모 기업의 빅데이터 담당 팀장을 만나 얘기를 나누었는데 그분이 이런 얘길 하더라고요. 빅데이터 분석을 잘 하는 사람이라 하더라도 비즈니스에 대한 이해도가 떨어지면 함께 일하기 힘들다고요. 그런 사람들은 기술 자체에 대한 연구와 이해는 충분하지만 이 기술이 어떻게 적용이 되고, 어떤 효과가 나타나 어떤 파급을 일으키는가에 대한 해석은 한참 부족하다는 거죠. 대학에서 관련 지식을 쌓는 것도 중요하지만 이것은 기본이고, 관심 있는 산업 분야가 있으면 지속적으로 들여다보며 그 흐름을 살피고 여건이 되면 스타트업을 해보며 비즈니스 감각을 길러보는 것을 권하고 싶어요.

제가 얼마 전에 차를 바꿨는데 새로운 기능이 많더라고요. 커넥티드 카Connected Car라는 건데요. 정보통신기술과 자동차를 연결해 양방향으로 소통이 가능한 차로, 실시간 길 안내는 물론 운전자의 편의를 위한 다양한 서비스와 교통안전 지원이 가능하죠. 커넥티드 카를 통해 우리는 자동차 산업과 IT 기술이 어떻게 융합되는지, 인공지능이나 머신러닝이 어떤 식으로 적용되고 있는지, 이 분야의 트렌드는 어떤지 알 수 있어요. 여러분은 여기서 그치는 것이 아니라 앞으로의 흐름을 예측하거나 내가 어떤 식으로 바꿔주면 더 좋을지 생각해볼 수 있겠죠. 커넥티드 카를 이용하게 되면 데이터가 쌓이잖아요. 그렇게 누적된 데이터를 분석해 어떤 분야에 활용하면 좋을지 고민해볼 수도 있고요. 사용자에 머무는 것이 아니라 산업 전반의 흐름을 이해하고, 데이터를 통해 패턴을 읽고, 사람들의 행동을 유추해보는 연습을 해보는 거죠. 이 두 가지는 나중에 실무를 하는 데 있어 분명 좋은 바탕이 될 거라 생각해요.

편 학점도 중요한가요?

이 학교에서 가르치는 과목 전반에 관심을 가지고 열심히 공부했다는 인상을 줄 수는 있겠죠. 제가 대학교에서 강의를 할 때 본 학생들은 학점에 굉장히 민감하더라고요. 그런데 채용을 하는 입장에서 보면 학점이 합격과 불합격을 좌우하는 주요사항은 아니에요. 오히려 학점보다는 어떤 다양한 경험을 했는지 혹은 어떤 생각과 태도를 갖고 있는지, 왜 그런 삶의 태도를 갖게 되었는지가 더 중요하게 작용하죠. 한 가지 더 얘기하자면, 한 분야의 문제를 이해하고 이를 풀기 위해 모색했던 다양한 대안과 결과, 그리고 그 경험에 녹아있는 자신만의 이야기가 채용 담당자에게는 더 큰 인상을 줘요.

필요한 자격이 있나요?

편 인공지능전문가가 되기 위해 필요한 자격이 있나요?

이 최근 데이터의 처리와 분석을 통한 데이터 활용이 국가 경제적 가치창출의 핵심 동력으로 급부상하면서 국가공인 데이터 분석 전문가 자격제도가 시행되기 시작했어요. 데이터 분석 전문가는 데이터의 이해 및 처리 기술에 대한 기본 지식을 바탕으로 데이터 분석기획, 데이터 분석, 데이터 시각화 업무를 수행하며 이를 통해 프로세스 혁신 및 마케팅 전략 결정 등의 과학적 의사결정을 지원하는 전문가를 말하죠. 기업의 모든 업무를 데이터 측면에서 처음부터 끝까지 체계화하는 국가공인 데이터 아키텍처 전문가라는 자격제도도 있고요. 어떤 분야에서는 자격증이 없으면 일을 못하는 경우도 있잖아요. 예를 들어 의사나 변호사는 자격을 가져야만 환자를 진료하거나 사람들을 대신해 변론할 수 있죠. 그렇지만 인공지능 분야의 경우 위와 같은 자격증이 도움이 될 수는 있으나 꼭 필요한 것은 아니에요.

외국어를 잘해야 하나요?

편 인공지능전문가가 되려면 외국어를 잘해야 하나요?

이 외국어 중에서도 영어를 잘하는 게 정말 중요해요. 관련 지식이나 정보가 대부분 영어로 되어 있기 때문이에요. 실제 업무를 하다 보면 다양한 문제를 풀어야 하는데 풀다가 벽에 부딪친 경우 대부분 구글링에 들어가죠. 그럴 때 나오는 게 거의 영어로 된 내용이라 답을 이해하려면 영어는 필수예요. 경우에 따라 외국인과 커뮤니케이션을 해야 하는 경우도 있고

요. 다시 말해 영어로 된 문장을 읽을 수 있어야 하고, 어느 정도 격식을 차린 영어 문장을 쓸 줄 알아야 하며, 비즈니스 대화가 가능한 수준에서 영어로 말할 수 있어야 해요.

어떤 자질을 갖추어야 하나요?

편 인공지능전문가가 되기 위해서는 어떤 자질을 갖추어야 하나요?

이 일단 주어진 문제에 대한 끝없는 호기심이 첫 번째로 필요한 자질이에요. 문제가 주어지면 호기심을 가지고 바라봐야 흥미를 느끼고 계속해서 재미있게 일할 수 있거든요. 다음으

로 필요한 자질은 당면한 문제를 끝까지 물고 놓지 않는 집요함과 해답이 보이지 않더라도 포기하지 않는 끈기죠. 쉬운 문제라면 나한테 오기 전에 벌써 풀렸겠죠. 나한테 온 이상 꼭 풀고 말겠다는 집요함과 해답을 찾지 못해 계속해서 막히더라도 쉽게 단념하지 않고 끈질기게 나아가는 자세가 중요해요. 마지막으로 갖췄으면 하는 자질은 다양한 대안과 관련 사례를 검토할 수 있는 개방성과 포용능력이에요. 세상의 많은 문제들의 답이 하나가 아닌 것처럼 이 분야도 정답이 하나만 있는 것은 아니에요. 하나의 문제에 여러 대안이 있을 수 있죠. 열린 시각을 가지고 다양한 관점을 살펴보며 그것들을 충분히 포용할 수 있는 사람이 이 일에 적합해 보여요. 말해놓고 보니 어느 분야에서나 필요한 자질 같아 보이네요.^^

어떤 성격을 가진 사람들이 적합한가요?

편 어떤 성격을 가진 사람들이 인공지능전문가에 적합한가요?

이 특별히 이 일에 맞는 성격이 있다곤 생각하지 않아요. 개인의 특징이나 행동양식은 일에 큰 영향을 주지 않는다고 생각하죠. 앞서 얘기한 세 가지 자질만 갖춰지면 사교적이고 활발한 사람이건 매사에 신중한 사람이건 조용히 앉아 일만 하는 사람이건 상관없어 보여요.

편 유학이 필요한가요?

이 여러분들이 20대 혹은 30대의 학생이라면 유학을 권하고 싶어요. 한번 도전해볼 만한 일이라고 생각하거든요. 영어권 국가로의 유학이라면 앞서 이 일을 하는데 꼭 필요하다고 했던 영어를 익히는 데에도 도움이 되겠고요. 요즘에는 외국에서 새로운 논문이 발표되더라도 금방 그 논문을 찾아 읽을 수 있잖아요. 새로운 지식과 정보를 습득하는데 걸리는 시간이 국내나 해외나 별반 차이가 없기 때문에 굳이 유학을 가지 않아도 되지만 인공지능 강국에 가서 교육을 받는다는 의미가 있겠죠. 인공지능 분야에서 선도적인 연구를 하는 교수가 있다면 그분을 찾아가서 배우는 것이 도움이 될 수도 있겠고요. 물론 국내에서 공부하는 것보다 힘든 점이 많겠지만 난관을 헤쳐 나가는 일 자체에서도 배우는 것이 있을 거라 생각해요.

WEATHER

AI
SPEAKER
×
SMART
HOME

ON OFF

인공지능전문가가 되면

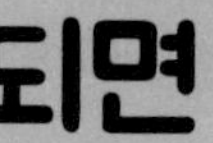

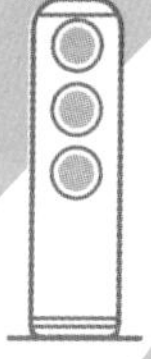

AI
SPEAKER
×
SMART
HOME
TAXI
CALL

연봉은 어느 정도인가요?

편 연봉은 어느 정도인가요?

이 컨설팅 관련 업종이라는 특성도 있고, 또 어느 정도 경력이 있는 상태였기 때문에 저 같은 경우 평균에 비해 상대적으로 높은 연봉을 받았어요. 하지만 입사 초기에는 검증의 시간이 필요하기 때문에 그동안에는 연봉이 높지 않아요. 인턴은 3천만 원대 정도고, 초임자는 대략 3천만 원에서 4천만 원 사이죠. 가능성을 보고 채용은 했지만 이 사람이 회사에서 기대하는 대로 잘 해나갈 수 있을지, 이 일과 잘 맞을지는 알 수 없으니까요. 검증의 시간을 보내고 본격적으로 실제 업무 경험을 쌓아 나가다 보면 연차에 따라 급여가 오르는데, 다른 직종에 비해 더 빨리 오르는 것 같아요.

편 이쪽 분야에서는 스카우트되는 일도 많을 것 같아요.

이 맞아요. 이 분야에서 일하는 전문가가 별로 없다 보니 고객으로 만났다가 함께 일하는 등 스카우트되는 일이 비일비재해요.

인공지능전문가도 직급체계가 있나요?

편 인공지능전문가도 직급체계가 있나요?

이 그렇죠. 보통 회사 내에 빅데이터 팀이나 인공지능 팀이 있고 저희와 같은 인공지능 전문가들은 그런 팀들과 협업해서 일하고 있는데요. 팀원들의 직급은 일반적인 회사의 직급체계를 따르고 있어요. 저희 회사의 경우 나름대로 직급체계를 가지고 있지만 그다지 특별한 건 없어요. 선임연구원, 책임연구원, 수석연구원 순으로 체계가 잡혀있죠.

편 보통 빅데이터 팀이나 인공지능 팀 정도로만 나누어져 있는 건가요?

이 그런 곳도 있고 인공지능 컨설팅 사업부, 금융 사업부, 제조 사업부 등으로 세분화되어 있는 곳도 있어요. 회사마다 다르죠.

편 근무시간은 어떻게 되나요?

이 대부분의 회사와 마찬가지로 오전 9시부터 오후 6시까지가 근무시간이에요. 가끔 일이 많으면 주말에도 출근하는데요. 모두가 그런 것도 아니고 상사가 강요하는 것도 아니에요. 본인이 맡은 문제의 본질을 더 잘 이해하기 위해 시간을 들여야 할 필요가 있거나 욕심이 생기면 주말에도 나와 일을 하는 거죠. 글을 쓸 때도 그렇지 않나요? 쓴 글을 다시 퇴고해가며 그 자리에 꼭 맞는 단어와 문장을 찾아가잖아요. 저희 일도 마찬가지예요. 더 나은 통찰을 주기 위해 새로운 시점에서 이렇게도 해보고 저렇게도 해보는데 그러다 보면 시간이 많이 필요하게 되죠. 본인의 연구를 위해 주말까지 나와 일을 하기도 하지만 일반적으로는 주 5일만 근무하고 있어요.

근무여건은 어떤가요?

편 근무여건은 어떤가요?

이 근무여건이나 사무실 환경, 복지 혜택 모두 일반 회사의 사무직과 유사해요. 하는 일은 다르지만 회사가 운영되는 방식은 일반 기업과 별반 다르지 않기 때문에 업무 외 여건들이 특별히 좋다거나 나쁘다거나 하진 않아요.

노동 강도는 어느 정도인가요?

편 잦은 야근으로 인해 노동 강도가 셀 것 같은데 어떤가요?

이 IT업계는 야근이 많아서 3D 산업 중 하나라는 얘기도 있는데요. 일이 길어지는 경우는 있지만 그렇게 힘들다는 생각은 없어요. 앞서 얘기했듯이 새로운 시각으로 참신한 아이디어를 찾기 위해 이것저것 조사하다 보면 좀 늦어지는 경우가 있고, 프로젝트를 하는 과정에서 가끔 야근이 발생하는 경우가 있지만 즐기면서 하고 있어서 그런지 노동 강도가 세서 힘들다는 생각은 없어요.

편 하나의 프로젝트는 얼마 동안 진행되나요?

이 매번 다르지만 긴 경우 1년 동안 진행되는 것도 있고, 짧은 경우 서너 달 만에 끝나는 것도 있어요.

편 바쁜 시기가 따로 있나요?

이 프로젝트에 따라 평소보다 좀 더 바빠질 수 있고, 연초나 연말은 좀 덜 바쁜 편이에요.

직업병이 있나요?

편 직업병이 있나요?

이 이 일을 하면서 직업병이란 게 이런 건가하고 느낀 적은 한 번도 없었어요. 주변에 같은 일을 하는 사람 중에도 그런 사람은 본 적이 없고요.

편 정년은 언제까지인가요?

이 새로이 태동하는 분야라 앞으로 어떻게 변해나갈지 알 수 없고, 아직 나이 때문에 퇴직한 사람이 없기 때문에 정년에 대해 뭐라고 말하긴 어려워요. 현재 이쪽 분야를 이끌어가는 사람들은 주로 30대에서 40대예요. 최상위 리더들 중에 50대가 몇 분 있지만 실제 일하기 위해 유입되는 인재들은 대부분 석사를 마치고 오기 때문에 30대 초반이 많죠. 젊은 사람들이 주를 이루고 있고, 새로운 분야의 미래를 단정하는 일이 쉽지는 않기 때문에 정년이 언제까지일지 현재의 관점과 기준으로 예상하기엔 다소 무리가 있어 보여요.

편 다른 분야로 진출이 가능한가요?

이 그럼요. 이 분야에서 어느 정도 경력이 쌓이면 IT 분야를 비롯한 어떤 유관 분야건 진출이 가능하다고 생각해요. 앞에서 커넥티드 카에 대해 얘기했죠. 커넥티드 카만 해도 사용자 데이터를 기반으로 할 수 있는 일이 정말 다양하잖아요. 자신만의 기술 혹은 아이디어로 새로운 파생산업을 제시할 수도 있겠고요. 모든 산업에 접목 가능한 인공지능의 특성을 생각해본다면 진출 분야는 무궁무진해 보여요.

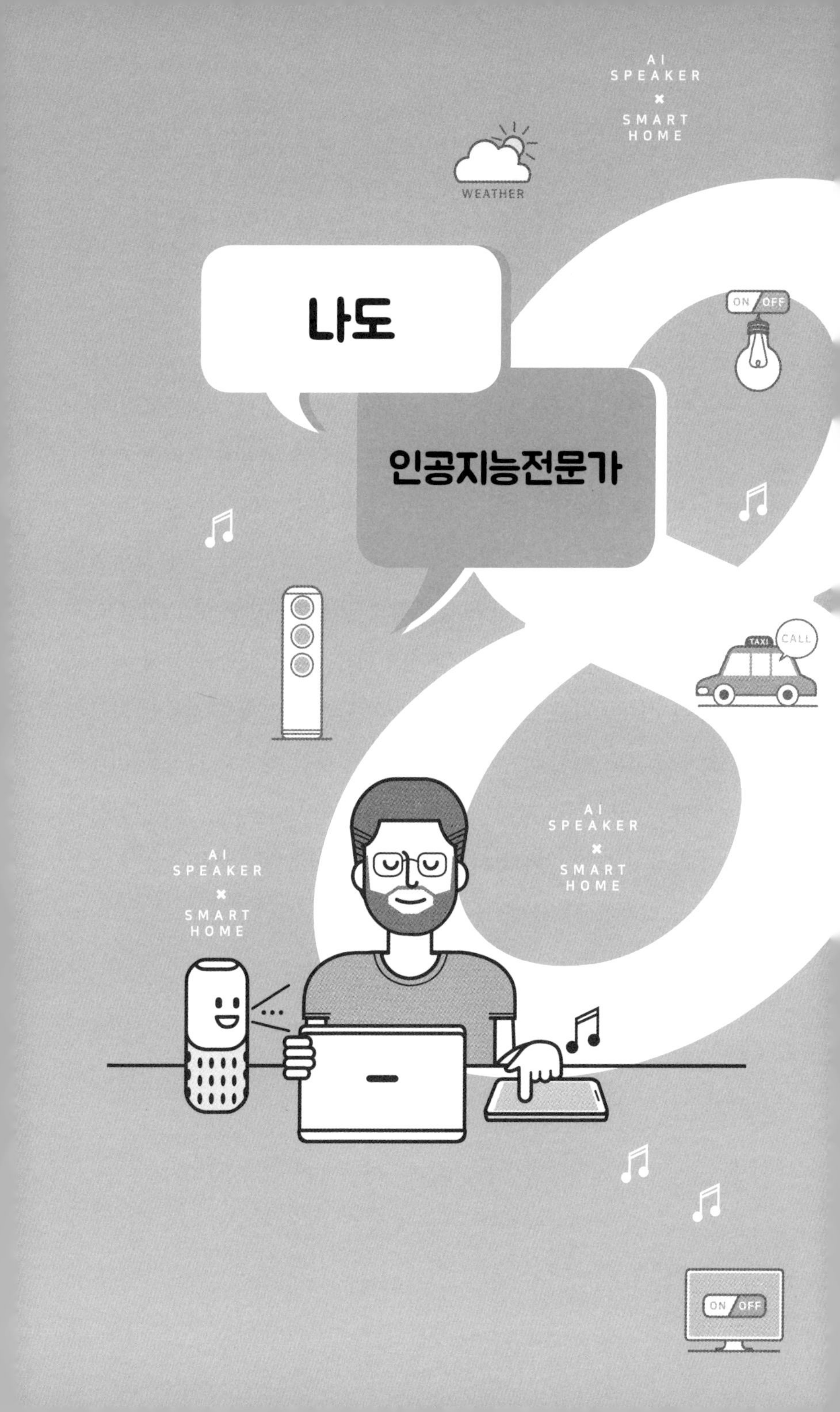

나도 인공지능전문가

생활 속의 인공지능:

생활용품

이미 우리 곁에는 다양한 인공지능 생활용품이 존재하고 있어요. 가전제품만 해도 내부에 있는 재료를 파악해 요리를 추천해주는 냉장고도 있고, 요리에 적합한 온도와 시간을 자동으로 설정해주는 오븐도 있죠. 인공지능 스피커를 통해 조명의 밝기를 조절하거나 TV, 공기청정기 등을 제어할 수도 있고요. 에어컨은 이제 공간학습과 상황학습, 패턴 학습을 통해 쾌적한 실내공기를 만들어주고 있죠. 딥러닝 기술을 적용한 로봇청소기도 빼놓을 수 없겠네요. 그렇다면 앞으로 다가올 미래에는 어떤 것까지 가능해질까요? 미래의 인공지능 생활용품을 상상해보고, 나만의 차별화된 아이디어로 경쟁력을 갖춘 제품을 디자인해보세요.

내가 디자인한

인공지능 생활용품

예시

공부에는 왕도가 없다곤 하지만 학습을 도와주는 인공지능이 있다면 어떨까요? 예를 들어 수학 과목의 학습을 도와주는 인공지능을 생각해볼 수 있어요. 편의상 '수학 도우미 인공지능'이라고 부를게요. 수학 도우미 인공지능은 학생의 수학 과목 공부량과 시험 결과 등의 데이터를 분석해요. 분석을 통해 해당 학생이 어떤 부분에 강하고 또 어떤 부분을 추가로 보완해야 할지 알 수 있겠죠. 이를 기반으로 학생에게 가장 적절한 공부 방식과 단계를 맞춤형으로 조언할 수 있고요. 학생별 맞춤 주요 오답 문제와 문제 유형 분석 등의 서비스가 한 예가 될 수 있겠네요. 이와 같은 맞춤 조언은 축척된 수많은 학생들의 데이터와 다양한 알고리즘을 적용하고 분석해 얻어진 결과를 토대로 이루어져요. 더불어 선택사항으로 부모님 자동 알림이 기능도 있으면 좋겠네요.

내가 디자인한
인공지능 생활용품 1

내가 디자인한

인공지능 생활용품 2

내가 디자인한
인공지능 생활용품 3

생활 속의 인공지능:

스마트폰

미국의 시장조사 및 컨설팅 회사인 가트너가 내놓은 자료에 따르면 2022년까지 출하되는 스마트폰의 80%가 인공지능 기능을 갖게 될 것이라고 하는데요. 이러한 인공지능 스마트폰으로 인해 미래에는 센서와 카메라로 수집된 데이터를 활용해 지금보다 더 많은 것이 가능해지리라 생각해요. 인공지능 기술을 적용해 스마트폰을 활용할 수 있는 방안에는 무엇이 있을까요? 포화상태에 이른 스마트폰 시장에서 나만의 차별화된 아이디어로 경쟁력을 갖춘 제품을 디자인해보세요.

내가 디자인한
인공지능 스마트폰은?

AI
SPEAKER
×
SMART
HOME
인공지능전문가
업무 엿보기
ON OFF
TAXI
CALL
ON OFF
AI
SPEAKER
×
SMART
HOME
WEATHER

인공지능 전문가는 알고리즘 등의 도구를 통해 인공지능을 설계하고 개발해 이를 적용하여 문제를 해결해요. 구체적으로 얘기하자면 다음과 같은 순서로 일을 처리하죠.

1_문제가 무엇인지 정확하게 이해하고 파악
2_이 문제에 인공지능 기술을 적용할 수 있을까 하는 실행가능성 모색
3_인공지능 기술의 적용이 가능하다면 이를 통해 해결도 가능할 것인지 판단
4_어떤 식으로 설계하면 문제가 해결될 것인지 청사진 그리기
5_설계가 적절한지 고민
6_구상한 모형의 핵심 기능 일부 구현
7_모형이 의도한 대로 잘 구현되는지 일부 성능 검토
8_모형 전체의 성능 검토

이런 흐름으로 업무를 진행하는데요. 여러분은 이 중 앞의 몇 가지 단계만 실행해보세요. 제가 문제를 제시해드릴게요. 이 문제에 인공지능 기술의 적용이 가능할 것인지 판단해보고 가능하다면 어떤 방법이 좋을지 설계해보세요.

Query ❶

철강제품을 만들거나 최첨단 전자제품을 만들어내는 공장에는 다양하고 복잡한 공정의 기계들이 서로 맞물려 돌아가고 있어요. 이 기계들은 가끔 고장을 일으키는데요. 기계의 고장이 덜하고 이 기계를 통해 생산되는 제품의 불량률도 낮은 더 똑똑한 공장이 있다면 좋겠죠? 똑똑한 공장을 만드는데 인공지능 기술을 적용할 수 있을까요? 그렇다면 어떤 인공지능 기술을 적용해야 할지 생각해보세요.

인공지능 기술의 적용 가능성은?

예시

몸이 아파서 병원에 가면 의사들은 우선 진찰을 해요. 청진기를 가슴에 대고 숨소리를 들어보거나 X-ray, CT, MRI 검사를 통해 환자의 상태를 보기도 하죠. 그래도 판단이 되지 않으면 조직 검사를 하거나 질병 부위를 열어 눈으로 확인하며 질병의 상태와 원인을 판단해요. 그리고 어떻게 이 질병을 치료할 것인지 방향을 결정하죠. 마찬가지로 제품을 만드는 공장이나 전기, 석유, 원전 등 국가의 핵심

시설도 사람이 아픈 것처럼 가끔 고장이 발생해요. 때론 예기치 못한 사고로 인해 엄청난 인명과 재산상의 손실이 발생하기도 하고요. 모든 현상에는 그 현상에 이르게 한 원인이 반드시 있기 마련이에요. 이러한 공장 관련 문제의 원인을 찾고 해결하는 방법으로 인공지능을 고려할 수 있어요.

예시

문제의 현상을 알았다면 이제 필요한 건 문제의 원인을 분석할 수 있는 데이터예요. 일반적으로 공장이나 설비의 기계 장치에는 수천, 수만 개의 센서Sensor라고 불리는 작은 장치가 붙어 있죠. 이들 센서는 기계 장치에서 나오는 엄청난 양의 데이터를 실시간으로 수집해요. 그리고 수집된 센서 데이터는 기계가 의도한 대로 제대로 작동하는지를 사람이 판단할 수 있도록 다양한 형태로 가공되어 제공되죠. 이렇게 제공된 수많은 데이터 중에서 현상의 원인이 될만한 것들을 선별해요. 이때 데이터 간의 상호 연관성, 시간적 선후관계 등을 고려해야 해요. 머신러닝 기법 중에 자주 발생하지 않는 사건을 분석하여 모델링하는 이상 징후 탐지Anomaly Detection라는 영역이 있어요. 고장이나 사고와 같은 이상 징후는 정상과 비정상이 각각 50%씩인 판별 문제와는 성격이 달라요. 왜냐하면 정상이 99%보다 훨씬 높고 비정상인 경우는 극소수에 해당하니까요. 이러한 특성에 적합한 다양한 통계나 선진 분석 기법을 적용해서 문제를 풀기 위해 분석 및 모델링 작업을 수행해요. 몸이 심각하게 아프기 전에 병을 예방하면 건강에도 도움이 되고 질병 치료에 드는 비용도 줄일 수 있어요. 마찬가지로 예기치 못한 사고나 고장도 사전에 예측할 수 있다면 경제적으로 더 큰 이득을 기대할 수 있죠. 하지만, 여기서도 고려해야 할 사항이 있어요. 예측은 미래의 문제라 맞을 수도 있지만 틀릴 수도 있다는 거예요. 또 여러 번 틀리면 늑대소년 이야기처럼 신뢰를 저버리게 되어 정작 필요할 때는 사용하지 않아 더 큰 문제로 이어질 수도 있죠. 그런 이유로 예측 모델이 제대로 역할을 할 수 있는지에 대한 성능을 실제 상황에서 검토해야 해요. 이후 예측 결과가 어느 정도 안정된다고 확인되면 비로소 해당 예측 모델을 장착한 인공지능을 공장의 관리에 이용할 수 있죠. 지금까지 이야기했던 분야를 통칭해서 예지 정비Predictive Maintenance라고 해요. 최근 국내외의 주요 기업들이 사고는 적고 생산성은 높은 똑똑한 공장을 만들기 위해 검토하거나 시도하고 있는 인공지능의 한 분야죠.

Query ❷

우리는 몸의 상태를 알아보기 위해 혹은 질병을 치료하기 위해 병원에 가죠. 그런데 때로는 아픈 몸을 이끌고 병원에 가는 일이 어려울 때도 있어요. 거리상의 제약을 받을 때도 있고요. 거동이 불편한 사람이나 연세가 높은 어르신의 경우 병원에 가는 일은 더더욱 불편하고 힘들겠죠. 이러한 불편을 해소하기 위해 인공지능이 도움을 줄 수는 없을까요? 그렇다면 어떤 인공지능 기술을 적용하면 좋을지 생각해보세요.

인공지능 기술의 적용 가능성은?

문제 해결을 위한 인공지능 설계 방안

Query ❸

패션에 관심이 많은가요? 온라인 패션몰에 가보면 수백 가지 브랜드에 수만 가지 품목의 옷들이 있는데요. 브랜드만으로 옷을 선택하는 사람도 있지만, 색깔이나 무늬, 재질, 주머니 위치, 단추 모양, 핏, 넥 스타일 등 옷이 가진 특성을 중요시하며 자신만의 확고한 취향으로 옷을 선택하는 분들도 있죠. 브랜드나 옷의 특성, 고객의 선호도와 취향을 이해하고, 시즌별로 고객이 좋아할 만한 옷을 추천하는 모델을 개발하기 위해 인공지능이 도움이 될 수 있을까요? 그렇다면 어떤 인공지능 기술을 적용하면 좋을지 생각해보세요.

인공지능 기술의 적용 가능성은?

문제 해결을 위한 인공지능 설계 방안

AI
SPEAKER
×
SMART
HOME

Think about:

인공지능과 우리의 미래

차를 타고 주차장에 가본 적이 있나요? 주차장마다 관리자가 있던 과거와 달리 요즘엔 인공지능 주차관리기가 그 일을 대신하고 있어요. 카메라가 자동차의 번호를 인식해 입차 시간을 기록하고, 출차 시 주차시간을 자동으로 계산해 주차요금을 부과하고 있죠. 앞으로는 인간의 일자리 중 많은 부분을 이와 같은 인공지능이 대신할 것이라는 전망이 있는데요. 그 생각에 동의하나요? 그렇다면 인간을 대체할 일자리에는 어떤 것이 있을까요? 반대로 인공지능 기술이 아무리 발전하더라도 인간만이 할 수 있는 일에는 어떤 것이 있을까요?

내 생각은?

그렇게 생각하는 이유는 뭔가요?

"

2004년에 개봉한 영화 〈아이, 로봇〉 기억나세요? 근 미래인 2035년을 배경으로 하는 이 영화에서 인간은 지능을 갖춘 로봇에게 생활의 모든 편의를 제공받으며 편리하게 살아가죠. 이들 로봇에게는 로봇 3원칙이 내장되어 있는데, 그중 첫 번째 법칙이 로봇은 인간을 다치게 해선 안 된다는 것이에요. 하지만 높은 지능을 가진 로봇은 곧 인간을 공격하는데요. 인공지능을 개발한 인간은 인공지능의 통제도 가능할까요? 오히려 높은 지능과 다양한 기능을 가진 인공지능이 우리를 통제하게 될까요? 여러분이 그리는 미래는 어떤 모습인지 상상해보세요.

"

내 생각은?

그렇게 생각하는 이유는 뭔가요?

“

우리의 안전과 편리를 위해 인간 운전자를 대신할 자율주행차를 만들려는 시도가 계속되고 있어요. 자율주행차를 만드는 데 있어 윤리 문제는 아주 중요한 요소인데요. 위급상황에 닥쳤을 때 자율주행차는 어떤 선택을 내려야 할까요? 한 사람의 생명보다는 여러 명의 생명을 구하도록 설계하는 것이 당연한 일일까요? 자율주행차에 탑승한 승객 한 명과 여러 명의 보행자 중에서는 누구의 생명을 구하는 게 옳은 것일까요? 피할 수 없는 위급상황에서 자율주행차가 어떤 선택을 내리도록 설계해야 할지 생각해보세요.

”

내 생각은?

그렇게 생각하는 이유는 뭔가요?

인공지능전문가

이동훈 스토리

S t o r y

편 부모님은 어떤 분이셨는지, 어린 시절 환경은 어땠는지 궁금해요.

이 부모님은 평범한 분이셨어요. 아버지는 매우 성실하셔서 항상 새벽 5시 반이면 일어나 회사에 나가 일을 하고 돌아온 뒤 12시 정도에 주무시는 규칙적인 생활을 반복하셨죠. 어머니는 인자하시고 자식에 대한 믿음이 두터우셨고요. 저한테는 여동생이 한 명 있는데 저희 남매가 어떤 일을 하건 항상 큰 믿음으로 감싸주셨죠. 고향은 경상북도 영덕이에요. 영덕 바닷가 근처에 살아서 어렸을 때는 방파제가 제 놀이터였어요. 거기서 뛰어놀기도 하고 가만히 앉아 끝없이 펼쳐진 바다를 바라보기도 했죠. 초등학교 6학년 때까지 그곳에서 살다 서울로 올라왔는데, 고향을 생각하면 아직도 햇살을 받아 고기비늘처럼 반짝이던 바닷물과 가끔씩 지나다니던 커다란 배들이 떠올라요. 그러다 벌렁 드러누워 파란 하늘을 가르는 갈매기들을 바라봤던 기억도 나고요.

편 어린 시절 특별히 기억에 남는 일이 있었나요?

이 굉장히 평범한 아이여서 기억에 남을만한 별다른 사건은 없었는데요. 부모님께서 언젠가 해주신 얘기에 따르면 제가

어릴 때 관찰을 굉장히 좋아했대요. 그 시절 저는 관심 있는 뭔가를 하나 발견하면 꽤 오랫동안 자세히 살펴보느라 시간이 가는 줄도 몰랐나 봐요. 아침에 어떤 걸 봤는데 그게 신기하고 흥미로운 것이면 저녁이 될 때까지 그것만 관찰했다는 거예요. 뭘 그렇게 자세히 들여다보나 싶어 와서 보면 돌에 간 금이나 개미집 같은 거였대요. 깨진 돌에 간 금의 모양이나 개미

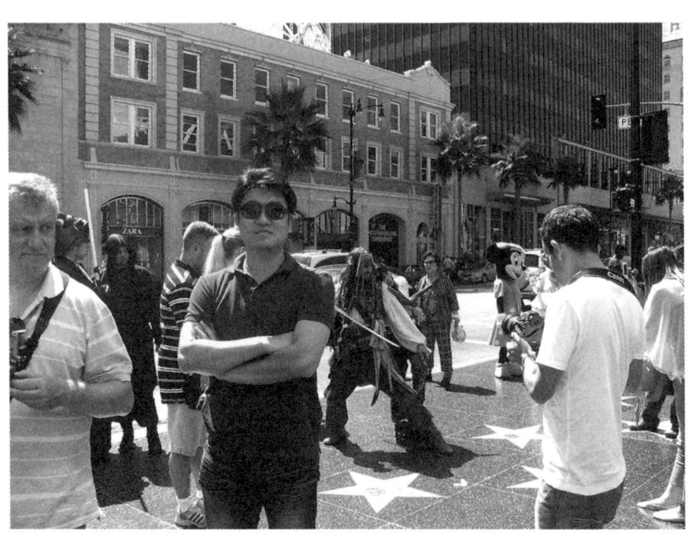

들이 자신의 집을 방어하는 모습이 흥미로워 하루 종일 보고 있었던 거죠. 부모님께서는 저의 그런 면을 보고 저 정도의 호기심과 집중력이면 뭘 해도 하겠다고 생각하셨대요.

편 학교에서는 어떤 학생이었나요?

이 요즘은 오락실 문화가 없잖아요. 제가 어렸을 때는 동네마다 오락실이 있어서 학교 수업이 끝나고 집에 오는 길이면 항상 오락실에 들렸어요. 오락을 잘해서 친구들과 시합을 벌이면 사람들이 와서 구경을 할 정도였죠. 평소에는 그렇게 놀다가 시험 기간에만 바짝 공부했던 걸로 기억해요. 특별히 공부를 잘해야겠다는 생각은 없었지만 선생님이 열심히 가르치시는데 수업시간에 딴짓을 하는 건 예의가 아니라고 생각해서 집중해서 들었더니 성적이 나쁘지는 않았어요. 당시에는 한 반에 60~70명 정도가 함께 공부했는데, 반에서 1, 2등 정도 했죠.

편 특별히 좋아했던 과목이나 싫어했던 과목이 있었나요?

이 음, 지금까지는 이런 생각을 해본 적이 없는데요. 질문을 받고 당시를 떠올려보니 학창시절엔 지리와 지구과학을 좋아했던 기억이 나네요. 특별히 그 과목 자체가 재미있어서는 아니었고요. 지리와 지구과학을 담당했던 선생님의 교수법이 흥미로워서였죠. 지리 선생님은 교과서에 나오는 지형 등을 본인의 경험에 빗대어 설명해주셨는데 그게 무척이나 제 호기심을 자극했거든요. 국내외를 가리지 않고 여행을 많이 다니셔서 어떤 지형이 나오든 본인이 탐방했던 곳을 예로 들며 설명해주셨어요. 당시엔 해외여행 자율화가 시행되기 이전이라 외국에 가는 것이 쉽지 않았기 때문에 해외여행 이야기를 듣는 것이 좋았죠. 지구과학 선생님 역시 교과서에 나오는 것을 지루하게 설명하는 게 아니라 직접 실험했던 내용을 재미있게 이야기해주셔서 무척 흥미를 느낄 수 있었어요.

편 학창시절 특별히 기억에 남는 일이 있었나요?

이 특별한 사건은 아니지만 아직까지 기억에 남는 일은 하나 있는데요. 제가 고등학교 3학년 때 일이에요. 친구 둘과 함께 종로에 가서 〈첩혈쌍웅〉이란 액션 영화를 봤어요. 주윤발과 이수현이란 배우가 주인공으로 나왔는데, 그 배우들의 모습이 너무 멋있어서 저희들이 흥분을 좀 했나 봐요. 영화의 여운을 안고 함께 학교 운동장으로 가서 배우들의 흉내를 내며 과격하게 놀았죠. 그러다 보니 시간이 많이 흘러서 서둘러 자율학습하는 도서관에 갔는데 사람들이 다 쳐다보는 거예요. 머리는 헝클어져 엉망이 되어있고 옷은 물론 속옷까지 찢어진 데다 흙까지 묻어 꼴이 말이 아니었거든요. 굉장히 조용하고 무난한 학생이었는데 갑자기 그런 치기가 어디서 나왔는지 지금도 잘 모르겠어요.

편 어렸을 때 꿈은 뭐였나요?

이 어렸을 때 꿈이 뭐였는지 기억이 나질 않는 걸 보니 아마 어떤 사람이 되고 싶다거나 어떤 것을 하고 싶다는 생각이 강하진 않았나 봐요. 그렇지만 아버지가 저에게 기대했던 꿈은 기억나요. 법대에 가서 판사가 되어 경력을 쌓은 후 정치인이 되라고 하셨죠. 아시다시피 아버지가 원하는 대로 법대에 가진 않았어요. 고등학교에 다닐 무렵부터 경영이나 통계 분야에 관심이 생겼거든요. 법이나 정치보다는 늘 기업과 관련된 것들에 호기심이 생겼고 기업에서 일어나는 일을 분석하는데 흥미를 느꼈어요. 그 결과 대학에서 통계를 전공하게 되었네요.

편 대학생활은 어떠셨어요?

이 대학교에서는 통계를 전공했고, 대학원에 가서는 매니지먼트 사이언스/인포메이션 사이언스Management Science/Information Science로 석사학위를 받았어요. 사실 그때만 해도 빅데이터와 인공지능의 시대가 올 거라고는 예상하지 못했어요. 경영 쪽에 관심이 많아서 경영학과 수업과 통계학과 수업을 같이 들었던 거였죠. 제 전반적인 대학생활은 단순했어요. 수업을 듣고 남는 시간에는 동아리 활동을 했죠. 저는 여러 대학이 연합해 활

동했던 독서토론회와 펜싱부에 가입했어요. 대학에 입학한 후 운동 한 가지 정도는 잘해야겠다고 생각해서 운동부 동아리를 찾아갔죠. 처음엔 검도를 할 생각으로 갔는데, 펜싱부 문 앞에 '장비 일체 지급'이라는 문구가 눈에 띄었어요. 이 기회가 아니면 어쩌면 평생 해볼 기회가 없겠다 싶어 펜싱부 철문을 열고 들어갔죠. 그 한 번의 선택으로 6년 동안 펜싱을 하게 되었고, 지금도 당시 함께 운동했던 펜싱부 동문들을 만나고 있어요. 간간이 독서토론회에 참석했고, 아직 민주화의 열기가 남아 있

던 시기라 몇몇 시위에 나갔던 기억도 있네요.^^

편 언제부터 이 직업에 관심이 있었나요?

이 저는 오래전부터 기업의 문제를 진단하고 해결하는 일에 관심이 많았는데요. 한때는 폐업 직전까지 갔던 자동차 회사 크라이슬러를 살려냈던 리 아이아코카Lee Iacocca 이야기에 매료

되기도 했죠. 직장생활을 하는 중에 관심을 가지고 지켜보다 보니 ERP 기반의 프로세스 경영이라는 화두가 어느 정도 마무리되었음을 느끼게 되었고, 앞으로는 데이터 중심의 시대로 갈 것이라는 생각을 하게 되었어요. 기업의 문제를 해결하는 데에 빅데이터나 인공지능을 활용하게 될 날이 머지않았다고 짐작했죠. 그러면서 제 관심이 이 분야로 옮겨갔어요.

편 대학 졸업 후 바로 이 직업을 가졌나요?

이 요즘에도 보면 대기업에서 해외 석, 박사 리크루트 같은 걸 하던데요. 제가 대학원에 다닐 때도 비슷한 프로그램이 있었어요. 박사 전문 인력 리크루트 프로그램인 LG 그룹사 산학 장학생 모집을 하고 있었죠. 모집 요강을 보니 장학생이 되면 등록금도 주고 생활비도 70만 원가량을 준다고 하더라고요. 혜택이 좋아 보여 얼떨결에 지원을 했는데 선발이 되는 바람에 산학 장학생이 되어 졸업 후 LG 그룹사에 입사했죠. 그리고 그곳에서 지금의 Entrue 컨설팅 부서인 IT 관련 컨설팅 부서에 발령이 나면서 이 분야에 첫 발을 내딛게 되었어요.

편 그 후의 행보도 알려주세요.

이 스타트업 창업을 포함해서 IT 분야 컨설턴트로 약 8년간 일하다 2006년부터는 IBM에 입사해 컨설팅 부문인 GBS[Global Business Service]를 시작으로 Smart commerce와 Digital experience leader 등의 역할을 했어요. 일을 하다 보니 제가 알고 있는 것을 한차례 정리하고 앞으로의 일에 확신을 얻기 위해 더 심화된 공부를 해야겠다는 생각이 들었죠. 다행히 회

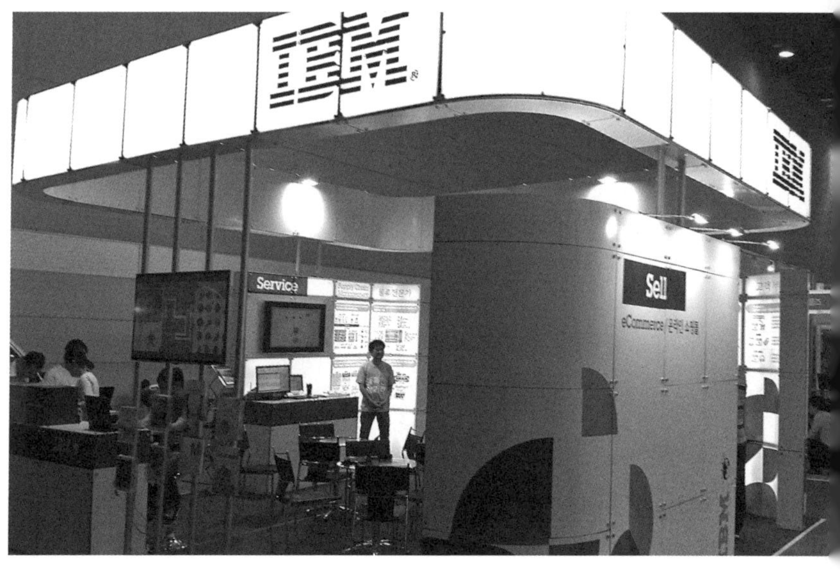

사에서 허락을 해준 덕에 IBM에 다니는 동안 박사 과정에 들어가게 되었는데요. 나이가 좀 있어서 그런지 처음에는 젊은 친구들처럼 공부하는 게 쉽지는 않았어요. 그래도 통계학을 전공하고 직장생활에서 관련 분야의 일을 하던 터라 점차 적응하는 게 쉬어졌죠. 그리고 풀타임으로 집중해서 공부를 한 덕에 학위를 취득해 현재까지 인공지능 분야에서 일하고 있어요. 돌아보니 여러모로 운이 좋았네요.

편 꿈꾸던 것을 이루고 있다고 생각하세요?

이 일만 놓고 본다면 그렇죠. 학위를 마치고 IBM에서 나온 후 지금 일하고 있는 곳을 창업하게 되었어요. 제가 하고 싶은 바가 있어 회사를 창업하고 투자를 한 것이고, 그 결과 지금 이렇게 원하는 일을 하고 있으니 꿈을 이뤘다고 할 수 있죠. 참 감사한 일이에요. 제가 매일 아침 되새기는 문구가 몇 개 있는데요. 주로 떠올리는 것 중 하나는 스티브 잡스Steve Jobs가 스탠퍼드대학교 졸업식에서 한 연설의 일부예요. 그는 자신의 인생을 3가지 이야기로 나누어서 졸업생들에게 들려주었는데요. 워낙 유명해서 많이들 아실 텐데 그중에서 여러분에게 얘기해주고 싶은 내용 두 가지만 소개해드릴게요.

먼저 첫 번째 'Connecting the Dots'은 인생의 전환점에 대한 이야기예요. 스티브 잡스 개인에게 있어 가장 두려웠던 결정이 후에 인생 최고의 결정이 되었다는 것과 우연히 만난 인연이나 기회가 그의 인생을 새로운 방향으로 안내했다는 내용이죠. 사람들은 매 순간 결정을 내려야 하는데, 지금 내린 결정이 옳은 것인지 그른 것인지는 누구도 확신할 수 없어요. 우리는 미래를 모르니까요. 다만, 결정을 내리는 데 있어 과거의 사건들과 현재를 연결해 생각할 수는 있겠죠. 순전한 호기심만으로 혹은 직감만으로 결정을 내려야 하는 순간은 또 올 것이고, 그 결정은 고스란히 미래의 내 모습을 만드는 재료가 될 거예요. 그렇다면 어떤 결단을 내려야 할 때 우리가 최우선으로 고려해야 할 것은 무엇일까요? 두 번째 이야기는 'Love and Loss'에 관한 것이고, 세 번째 이야기는 'Death'에 관한 것인데, 이 마지막 이야기에서 우리는 첫 번째 질문의 답을 짐작할 수 있어요. 곧 죽는다는 사실은 인생의 결단을 내릴 때마다 가장 유용한 도구가 되어주는데, 죽음 앞에서는 다른 사람들의 기대나 실패의 두려움 같은 건 모두 떨어져 나가고 오직 진실로 중요한 것 한 가지만 남기 때문이죠. 스티브 잡스는 시간은 누구에게나 유한하니 다른 사람의 기대를 충족시키기 위해 인생을 낭비하지 말고 가슴이 말하는 대로 따라가라고 충고하고 있어요. 여러분의 앞날이 지금의 선택들로 결정이 된다면 최선의 선택을 하기 위해 가슴이 하는 이야기를 들어보세요. 그런 고민의 시간들이 쌓여 여러분의 선택이 꿈으로 이뤄지는 날이 왔으면 해요.

편 진로를 선택하는 데 도움을 주신 분이 있나요?

이 이 직업을 선택하는데 직접적인 양향을 준 분들은 아니지만 제 인생에 큰 영향을 미친 분들이 계세요. 바로 제 할아버지와 아버지, 그리고 대학원 지도 교수님이시죠. 할아버지는 평생 교직에 계셨어요. 40년이란 긴 세월 동안 학생들을 가르치시다 교장으로 퇴직하셨죠. 오랜 기간 한 길을 걸으셨던 성실한 모습과 아이들을 사랑하는 인자한 모습을 보면서 나도 저런 어른이 되고 싶다는 생각을 많이 했어요. 아버지는 어떤 일이든 본인이 하고 싶은 일이라면 도전하기를 겁내지 않으셨어요. 새로운 분야를 두려워하지 않는 용기 있는 분이셨죠. 일단 시작한 일은 특유의 성실함으로 묵묵히 해내셨고요. 근면하고 착실하게 일하며 그 분야에서 전문가가 되어 가는 모습을 가까이에서 지켜본 덕에 성실함이 얼마나 중요한 미덕인지 알게 되었죠. 대학원 지도 교수님과 종종 진로에 관해 의논을 하곤 했는데 그때 물결을 타는 법에 대해 이야기해주셨어요. 어떤 시대건 산업의 흐름이란 게 있는데 그중 상승할 것과 하락할 것을 분석하고, 상승 흐름이라고 판단이 되면 그 산업의 물결에 타볼 것을 권유해주셨죠. 그분들의 인자함과 성실함, 가르침을 통해 지금의 제가 있다고 생각해요.

편 직업관을 형성하는데 도움을 준 책이나 영화가 있을까요?

이 딱히 그런 영화나 책은 생각나지 않지만 제 뇌리의 잔상에 늘 남아있는 영화 한 편은 있어요. 아주 오래전 영화인데요. 바로 스탠리 큐브릭Stanley Kubrick 감독이 만든 〈2001: 스페이스 오디세이〉예요. 다소 중의적인 구성으로 인해 보는 사람에 따라 해석은 다를 수 있겠지만 이 영화는 인류의 시작과 진화, 혁신, 그리고 새로운 미래 인류로의 긴 여정을 다루고 있어요.

영화에는 붉은색 렌즈 가운데 노란 초점을 가진 HAL 9000이라는 인공지능이 등장하는데요. 이 인공지능은 탐사 여정을 떠나는 우주선 전반을 통제하며 시시각각의 상황을 분석하고 판단해서 승무원을 도와주는 역할을 해요. 그런데 HAL 9000이 승무원인 인간을 죽이려 하자 이를 인지한 인간도 HAL 9000을 죽이려고 하면서 인간과 인공지능 간의 싸움이 벌어지게 되죠. 결국 HAL 9000은 죽게 되는데요. 이때 승무원 데이브가 무중력 상태에서 HAL 9000의 메모리 탑재 공간에 있는 메모리 칩을 하나하나씩 빼며 기능을 멈추게 하는 부분은 아마도 영화 역사상 길이 남을 명장면이 아닌가 싶어요. 굉장히 인상적이죠. HAL 9000은 렌즈 형태의 눈밖에 가지지 못한 기계이지만 영화에서는 오히려 더 사람같이 묘사되고 있어요. 마지막에 기능을 멈추면서 처음 배웠던 노래를 부르며 자신이 만들어졌던 장소와 시기를 말할 때는 짠한 마음이 들기도 했죠.

이 영화가 나온 1968년은 아폴로 우주선이 달 탐사에 성공하기 1년 전이에요. 물론 저도 아직 세상에 태어나기 전이고요.^^ 저명한 천문학자인 칼 세이건Carl Sagan의 자문을 받아 만들었다고 알려진 〈2001: 스페이스 오디세이〉는 이후 수많은 SF 영화들에게 모티브를 제공했다고 해요. 무려 50년이 지난 지금, 다시 봐도 영화 전반의 미장센이나 음악, 우주와 인공지능의 묘사, 스토리 전개 등이 너무나 흥미진진하죠. 전혀 촌스럽지도 않고요. 스탠리 큐브릭이 상상하고 말하고자 했던 인류의 진화와 혁신, 인공지능, 그리고 새로운 인류의 모습과 미

래를 들여다볼 수 있는 재미있고 훌륭한 영화라고 생각해요. 3시간짜리 영화라 다소 길긴 하지만 여러분도 시험이 끝난 후나 머리를 식히고 싶을 때 한번 감상해보세요. 영화를 보며 왜 HAL 9000이 인간을 죽이려고 했는지, 과연 그것이 단순한 기계적 오류였는지, 혹은 어떤 다른 이유가 있었는지를 생각해보는 것도 재미있는 관전 포인트가 될 듯해요.

편 현재의 삶에 만족하시나요?

이 나보다 더 잘 되고 있는 사람, 나보다 열심히 하지 않은 것 같은데 잘 살고 있는 사람들과 비교하다 보면 끝이 없죠.

계속 힘들고 불만스러운 점만 찾는 것도 불필요하게 소모적인 일이고요. 그래서 늘 지금 내가 이룬 것, 현재 내가 가지고 있는 것에 감사하려고 해요. 그런 마음가짐 덕분인지 목표했던 것을 하나하나 이루며 여기까지 잘 달려왔고, 이 분야에서 어느 정도 경력도 쌓았으니 충분히 만족스럽죠. 아직까지는 함께 일하는 젊은 친구들과 머리를 맞대고 해결책을 찾는 것이 가능하도록 몸도 건강하고 머리도 따라와 주고 있는데 그것도 감사한 일이고요.

편 자녀가 인공지능전문가를 하겠다고 하면 권하실 건가요?

이 부모가 하던 가업을 이어받아 대를 잇는 분들을 볼 때마다 부러움을 느끼곤 했어요. 부모의 삶에서 꿈을 발견하고 자신만의 가치를 부여한 사람들의 모습에서 고귀함을 보았거든요. 저는 아들이 둘 있는데요. 그 둘 중 하나라도 인공지능에 관심을 가진다면 정말 기뻐서 반드시 권할 것 같아요. 어릴 때부터 차근차근 준비해서 세계시장에 선보일 획기적인 아이디어를 내놓는다면 얼마나 흐뭇하겠어요. 그렇지만 자식 일은 부모 뜻대로 되는 게 아니라고 하잖아요. 인공지능 분야에 관심이 있다면 정말 좋겠지만 어떤 일을 하건 자신만의 비전을 가

지고 도전하는 아이가 되었으면 해요.

편 그밖에 관심을 가지고 활동하는 분야나 최근 새롭게 도전하는 분야가 있나요?

이 앞에서 잠깐 얘기했는데, 업무 외에 가장 관심이 가는 분야는 바로 중국어 회화예요. 한자를 읽고 쓰고 외우다 보면 잡념이 사라져서 머리를 식히는데 정말 효과적이거든요. 일을 하다 보면 두뇌를 풀가동하는 경우가 많아 잠깐씩이라도 쉬어주는 게 꼭 필요하기 때문에 바쁘지만 일주일에 적어도 몇 시간은 중국어 공부를 하는데 투자하려고 해요. 그게 올해 제 목표 중 하나예요.

편 인공지능전문가로서 앞으로 어떤 목표를 갖고 계시나요?

이 구글이나 마이크로소프트와 같은 기업처럼 세계 시장에 노크할 수 있는 솔루션을 만들고 싶어요. 세계에서 가장 높은 수준의 머신러닝을 활용한 선도적 산업 사례를 개발하고 싶고요. 이러한 기술이 노력한다고 당장 개발 가능한 것은 아니니 제가 못하더라도 다음 세대의 친구들이 해줄 수 있으면 좋겠네요. 마이크로소프트를 창업한 빌 게이츠Bill Gates나 구글의 CEO인 선다 피차이Sundar Pichai, 아마존의 CEO인 제프 베조스Jeffrey Preston Bezos 같은 인물이 한국에서 나오지 못할 이유는 없으니까요.

편 마지막으로 인공지능전문가를 꿈꾸는 청소년들에게 하고 싶은 말이 있나요?

이 맹자가 한 말 중에 군자유종신지우 무일조지환君子有終身之憂 無一朝之患이란 말이 있어요. 군자는 일생 동안 해야 할 일에 대한 큰 근심은 가지고 있지만 매일 생기는 작은 일에는 마음을 빼

앗기지 않는다는 뜻이죠. 우리가 가지는 큰 꿈과 포부를 이루기 위한 걱정이 매일의 작은 걱정을 이기도록 해준다는 말이기도 해요. 사람들은 누구나 사소한 걱정거리가 있고, 그건 여러분도 마찬가지일 거라 생각해요. 그렇다고 모두들 그 걱정에 얽매여 사는 것은 아니죠. 지금 내가 하고 있는 고민이 아주 작은 일에 불과한 것인지 내 미래의 모습을 결정지을 큰일인지를 생각해보세요. 그리고 내가 진짜로 숙고해야 할 큰 근심인 꿈에 대해 진지하게 그려보세요. 여러분의 꿈은 무엇인가요? 이 책을 집어 들었다면 인공지능 분야에 관심이 있는 친구라고 생각해도 되겠죠? 인공지능은 세상을 더 나은 것으로 만들어줄 따뜻하고 강력한 기술이에요. 여러분의 획기적인 생각으로 세계시장에서 통용될 수 있는 인공지능 기술이 개발되어 새로운 패러다임을 만들어내고, 그 결과 더 이로운 세상이 오길 바라요. 인공지능 분야에 먼저 첫 발을 내디딘 선배로서 여러분의 꿈이 세상을 바꾸길 진심으로 응원해요.

청소년들의 진로와 직업 탐색을 위한
잡프러포즈 시리즈 24

똑똑한 미래를 꿈꾸는
인공지능전문가

2024년 11월 15일 | 초판 6쇄 발행

지은이 | 이동훈
펴낸이 | 김민영
펴낸곳 | 토크쇼

편집인 | 박가영
디자인 | 김경희
마케팅 | 신성종
홍보 | 이예지

출판등록 | 2016년 7월 21일 제2023-000173호
주소 | 서울시 마포구 월드컵북로98, 2층 202호
전화 | 070-4200-0327
팩스 | 070-7966-9327
전자우편 | myys327@gmail.com
ISBN | 979-11-88091-56-0 (43190)
정가 | 15,000원